いかにして高次の世界を認識するか

Wie Erlangt Man Erkenntnisse Der Höheren Welten?

ルドルフ・シュタイナー *Rudolf Steiner*

松浦 賢✣訳

柏書房

ルドルフ・シュタイナー（1908年）
撮影：O. リートマン

凡例

◎本書は、ルドルフ・シュタイナーRudolf Steinerの著書『いかにして高次の世界を認識するか』（雑誌発表一九〇四―一九〇五年）の最終決定版（一九二二年）の全訳である。底本としては、従来の版を全面的に改訂した最新のテクストである一九九三年版 *Wie erlangt man Erkenntnisse der höheren Welten?*（1. Teil）（Dornach 1993）をもちいた。
◎とくに重要と思われる用語には、原文のドイツ語を原則として単数一格の形で併記した。
◎読みやすさを考慮して、原文中にダッシュ（—）が挿入されている箇所は、基本的にすべて改行した。ただし日本語の文脈を重視して、一部、ダッシュがあっても改行しなかった箇所や、ダッシュがなくても改行した箇所がある。また長い引用箇所は改行し、本文から独立させる方針を採った。
◎著者による原註は各章の末尾につけ、訳者による訳註（1）（2）（3）…は本文のあとにまとめた。
◎原文中イタリック体で強調されている語句には傍点を付した。
◎巻末の索引は訳者によって作成されたものである。

『いかにして高次の世界を認識するか』

目次

装画 ルドルフ・シュタイナー
装幀 高麗隆彦

第三版に寄せる序文（一九〇九年）

筆者がこれまで「いかにして高次の世界を認識するか」という題名のもとに個別に発表してきた文章を、今回、本にまとめて出版することになりました。とりあえず、本書にはその第一部が収録されることになります。第二部は、本書の続編に収められる予定です。

人間が超感覚的な世界の認識をめざして発達していく過程について記述した文章が、今回、新たな形で刊行されるにあたって、筆者としては、最初にいくつかの導入のための言葉を書き記しておきたいと思います。

筆者は、本書に収録されている人間の魂の発達に関する記述をとおして、さまざまな人びとの要求にこたえることをめざしています。まず第一に筆者は、「自分は人生の高次の謎に関する問題について語ることができると主張する人びとは、そのような知識をどこから得たのか」という疑問を抱く人に、何らかの答えを提供しようと考えています。霊学（精神科学 Geisteswissenschaft）はこのような謎について、ある事柄を語ります。このような事柄のもとになっている事実を観察しようとする人は、超感覚的な認識を身につけなくてはなりません。その人は、筆者が本書のなかで記述することを試みている道を、みずから歩まなくてはなりません。とはいうものの、「霊学に関して伝えられる事柄は、このような道を自分で歩みたいと思っていない人や、このような道を歩む可能性がない人にとっては価値がない」と考えるのは誤りです。確かに事実を探究するためには、私たちは超感覚的な世界に参入する能力を自分で身につける必要があります。しかし霊学の研究者が超感覚的な事実を探究し、それについて語るときには、自分では超感覚的な事柄を知覚できない人でも、霊学に関して語られている事柄は真実である、という十分な確信を抱くことができるのです。とらわれない態度で健全な判断力を働かせれば、私たちは、霊学の研究者が語る事柄の大部分が真実かどうかを確かめることができます。このようなとらわれない態度を貫くためには、私たちは、人生のなかに無数に存在しているさまざまな偏見や先入観によって妨害されないようにしなくてはなりません。

たとえばある人が、霊学の研究者が語る事柄は現代科学のある種の成果と食い違っている、と考える可能性はおおいにあります。実際には、霊的な研究と矛盾するような科学的な成果は存在しません。しかしとらわれない普遍的な見地から、科学的な成果について調べてみようとしないときには、私たちは、特定の科学的な見解が高次の世界に関する事柄と一致していない、と容易に信じ込んでしまうのです。偏見を抱かないで、霊学と実証的な科学の成果を結びつけようとするとき、私たちは、霊学と科学は一致しているという事実をいっそう明確に認識できるようになります。

霊学で教えられるそのほかの事柄に関しては、私たちはそれを（程度の差はあっても）悟性的な思考のみをよりどころとしてとらえることはできません。しかしながら、人間は悟性をとおして思考するだけではなく健全な感情をとおして真理をとらえることもできる、ということを理解するならば、私たちにとって、このような事柄と正しい形で関わるのはむずかしいことではなくなります。私たちの感情が、特定の事柄に対する共感や反感によって駆り立てられることなく、とらわれない態度で超感覚的な認識を受け入れるようになると、私たちは感情をとおして適切な判断をすることができるようになります。

超感覚的な世界に到る道に足を踏み入れることができない（あるいは足を踏み入れるつもりがない）人びとに、霊学的な認識が正しいことを証明する方法は、ほかにもたくさんあります。にもかかわらず、このような人びとは、「もし霊の研究者の語ることをとおしてしか霊学的な認識について知ることができないのだとしたら、このような認識は人生にとって何の価値があるのか」と感じるかもしれません。確かにすべての人が、一瞬のうちに霊視者になれるわけではありません。しかし霊視者が伝える認識は、すべての人間にとって、健全で正しい人生の栄養になります。なぜならすべての人間は、このような認識を人生において実際に応用することができるからです。実際に応用してみると、私たちは、「霊視者が伝える認識を受け入れると、人生のあらゆる領域が変化する。また、このような認識が欠けていると、人生からさまざまなものが失われることになる」ということをすぐに理解します。人生のなかで正しい形で応用してみると、超感覚的な世界の認識は実際の役に立たないどころか、むしろ最高の意味において実践的なものであることがわかるのです。

一方、みずから高次の認識の道に足を踏み入れようとしなくても、霊視者が語る事実について学ぶことを好む人ならば、「霊視者はどのようにしてこのような事実にたどりついたのだろうか」という疑問を抱くかもしれません。筆者は本書をとおして、このような疑問を抱く人のために、超感覚的な世界を実際に認識するためには何を行わなくてはならないか、ということに関するイメージを提供したいと考えています。超感覚的な世界に到る道を自分では歩まない人でも、このような道をすでに歩んだ人が語る事柄に信頼を寄せることができるように、筆者は超感覚的な世界に到達する方法について記述するつもりです。霊の探究者が実際に行っていることについて知ると、私たちは、それは正しいものであると認めた上で、「高次の世界に到る道に関する記述を読むと、私は、霊視者が語る事実がなぜ納得のいくもののように思われるのかがわかるような気がしてくる」という実感を抱くようになります。本書が超感覚的なものに関する真理の感覚と真理の感情を強め、確実なものにしたいと思っている人びとの役に立つことを、筆者は願っています。

また筆者は本書をとおして、超感覚的な認識への道を自分自身で探究しようとする人にも、価値のあるものを提供したいと考えています。自分自身の内面において真理を実現することによって、私たちは、本書で述べられている事柄は真実である、ということを最良の方法で確かめることができます。このように自分自身のなかに真理を実現しようとするときには、次のような事実をいつも念頭に置くようにして下さい。すなわち、魂の発達について書かれた書物を読む際には、ほかのジャンルの本に書かれている事柄を知識として知ろうとする場合よりも、多くのことが求められるのです。私たちは、本書に書かれている事柄のなかに心をこめて深く入っていき、本書の記述そのもののなかで生きなくてはなりません。この場合、私たちは次のような前提に立たなくてはなりません。すなわち私たちは、一つの事柄について理解しようとするときには、その事柄自体に関する記述だけではなく、まったく別の事柄に関する多くの記述もよく読まなくてはならないのです。このようにして私たちは、「重要なことは一つの真理のなかに存在しているのではなく、あらゆる真理の調和のなかに存在している」ということを理解するようになります。

霊的な訓練を実践しようとする人は、以上のような点によく注意をはらって下さい。私たちはある一つの訓練を正しく理解したとき、ようやく正しい方法で実際の訓練に取り組むことができるようになります。しかし訓練を実践する人が、最初の訓練の一面的な偏りを脱して魂の調和に到達することができるように、さらに別の訓練を行うようにしないと、最初に行った訓練が正しい影響を及ぼさなくなることがあります。

読書そのものが内面的な体験となるように心をこめて本書を読むならば、私たちは本書の内容を知識として身につけるだけではなく、いくつもの箇所を読むたびに、さまざまな感情を抱くようになります。そしてそのことによって私たちは、このような感情が魂の発達にとって重要な意味をもっていることに気づきます。また同時に私たちは、自分自身の人格にあわせてどのような形で訓練を試みるべきか、ということも理解します。以上のように、体験すべき事柄に関する記述の本質に目を向けてみると、私たちは、訓練を続けているあいだも、繰り返し本書の内容に立ち戻らなくてはならないことを知ります。そのとき私たちは、「さまざまな試みを行ったあとで、以前は見落としていた本書の微妙な部分に気づくとき、私たちはようやく、自分の力で、多くの事柄を十分に理解することができるようになる」という確信を抱くのです。

また、本書で示されている訓練を実践することは考えていない読者の方も、本書のなかに、内面的な生活に役立つ多くの事柄（たとえば人生を支配する法則や、謎のように思われるさまざまな事柄がどのようにして明らかになるかということについての示唆など）を見出すことができるはずです。

さらに、さまざまな人生の経験をしてきた人（つまり多くの点において人生の秘儀参入を体験した人）も、本書全体の意味のつながりのなかで、いままで一つひとつばらばらに考えてきた事柄や、知ってはいても十分に理解することができないでいた事柄について解明されているのを知って、満足を覚えることでしょう。

第五版に寄せる序文（一九一四年）

今回『いかにして高次の世界を認識するか』の新版を刊行するにあたって、私は十年以上も前に書いた文章に、細部にわたって手を加えました。私は本書に書かれている魂的な体験や魂的な道に関する記述を書き改める必要を感じました。本書の記述に含まれているのは、私の魂とずっと親密に結びつき、私の魂にたえず作用を及ぼしてきたような内容だけです。今回の改訂に際して、このような筆者の魂の活動と、何年も前に書いたことをいっそう明確でわかりやすいものにしようとする努力がおのずと結びつくことになりました。このような努力を続けることによって、この改訂版は生まれました。今回の改訂版では、重要な説明が含まれている箇所や、主要な事柄はすべて、いままでの版と同じ形で残しておきましたが、その一方で、私はいくつかの重要な変更をほどこしました。私は、個々の部分をより正確に記述するために、多くの箇所に手を加えました。私は、このような変更をほどこすことは重要である、と考えました。本書に書かれている内容を自分自身の霊的な生活のなかで実際に応用しようとする人は、本書で説明されている魂的な道の性格をできる限り正確にとらえなくてはなりません。このような内面的な霊的な事象に関する説明は、物質的な世界の事象に関する記述よりも、はるかに誤解されやすい傾向があります。このような誤解が生じるのは、たえず変化し続ける魂の生活は物質的な世界の生活とは異なっている、ということを、私たちはつい忘れがちになるからです。今回改訂版を出すにあたって、私はこのような誤解の生じやすい箇所を注意深く見つけ出して、誤解が生じないように文章を書き改めました。

　本書に収められている文章を初めて書いたとき、私は多くの箇所を、現在とは異なった形で記述しなくてはなりませんでした。私は当時、この十年間に霊的な世界の認識と結びついた事実について公開してきた内容を、公開後の現在とは別の形で語らなくてはならなかったのです。私はこの十年間に、『神秘学概論』や、『人間と人類の霊的な導き』や、『人間の自己認識への道』や、とりわけ『霊的な世界の境域』や、そのほかの著書のなかで、霊的な事象について記述してきました。私はすでに十年以上も前に、本書をとおしてこのような霊的な事象について記述したのですが、それは、私が現在正しいと思っているような言葉とは別の種類の言葉で語られていたのです。その頃私は、本書のなかにまだ記述されていなかった事柄については、「それに関しては『口頭による伝達』をとおしてのみ教えることができます」といわなくてはなりませんでしたが、現在では、当時は口頭でしか伝えることができなかった事柄のうち、すでに多くが公開されています。

にもかかわらず読者の方のなかには、現在でもなお、重要な事柄は口頭のみをとおして伝えられる、という誤った考え方を完全に捨て去ることができない人がいます。そのような人は、霊的な訓練を求めて努力する人と特定の師との個人的な関係を、実際以上に重要視しています。私はこの新しい版において、細部の言葉の遣い方に配慮することによって、「現代という時代の霊的な条件のもとでは、霊的な訓練を求める人にとっては、師と個人的な関係を築くことよりも、客観的な霊的な世界と直接関わりあうことのほうがはるかに重要な意味をもっている」という事実をより鮮明にすることができた、と考えています。これからの時代においては、霊的な訓練の師は、助言者としての役割のみをはたすようになるでしょう。このような師の役割は、新しい知識を伝えるために、そのほかの学問分野の教師がはたしている役割と同じなのです。私は本書のなかで、「霊的な修業における師の権威と師に対する信頼は、そのほかの学問や人生の領域における教師の権威や教師への信頼と同じ役割をはたすべきである」ということを十分に示すことができたと信じています。私は、「霊の探求者と、霊の探求者の研究の成果に関心を抱く人びととのあいだに築かれる関係をより正しくとらえることが重要である」と考えています。私は、このような観点に立って発表から十年後に改訂をほどこすことによって、本書をよりよいものにすることができたと思っています。この第一部には、第二部が続く予定になっています。この第二部で、私は、人間を高次の世界の体験へと導く魂の状態についてさらに記述するつもりです。

本書のこの新しい版の印刷ができあがったとき、人類がいま体験している大きな戦争が勃発しました。私の魂はこのような運命的な出来事に深くゆり動かされているので、この点についても言及しないではいられないのです。

ベルリン　一九一四年九月七日

ルドルフ・シュタイナー

一九一八年版に寄せる序文

新たな改訂をほどこすにあたって、私は、今回の新しい版の内容に関しては、ごくわずかな変更をほどこすだけで十分である、と考えました。そのかわり今回の版では、「あとがき」をつけ加えることにしました。私はこの「あとがき」で、魂に関する基礎的な事柄について、いままで以上に明確に述べるように努めました。本書をお読みになる方が誤解しないで本書に書かれている内容を受け入れるようになるためには、本書の記述は、どうしてもこのような魂に関する基礎的な事柄をよりどころとしなくてはならないのです。私はこの「あとがき」の内容は、アントロポゾフィー（人智学 Anthroposophie）的な霊学に敵対する多くの人びとに対して、「このような人びとは、アントロポゾフィー的な霊学の本質を正しくとらえないで、それを実際とはまったく別のものとイメージすることによってのみ、自分の主張を貫いている」という事実を明らかにするのにふさわしいものと考えています。

一九一八年五月

ルドルフ・シュタイナー

▼いかにして高次の世界を認識するか

条件

すべての人間のなかには、高次の世界を認識する能力がまどろんでいます。昔から神秘主義者やグノーシス主義者や神智学者は、魂や霊の世界について語ってきました。このような人たちにとって魂や霊の世界は、肉体の目で見たり、肉体の手で触れたりする世界とまったく同じように存在していました。彼らの言葉に耳を傾けるとき、私たちはいつでも、「現在まどろんでいる力を発達させるならば、私も、この人が語っていることを経験することができる」と考えることが許されます。この場合、問題となるのは、「自分自身のなかにこのような能力を発達させるためには、私たちはどのようにして最初の一歩を始めたらよいのか」という点のみなのです。

この点に関しては、すでに自分自身のなかにこのような能力を備えている人だけが、的確にアドバイスすることができます。この地上に人類が誕生して以来ずっと、霊的な能力を育成するための修業法が伝えられてきました。このような修業法をとおして、高次の能力を備えている人びとは同じような能力を発達させたいと願う人を指導してきたのです。この修業法は、一般に神秘学の訓練 Geheimschulung と呼ばれています。そしてこのような霊的な訓練の場で行われた授業は、神秘学の授業、あるいは隠秘学的 okkult な授業と名づけられています。

このような呼び方は、当然のことながら、誤解を招きやすい性質を備えています。このような言葉を耳にする人はすぐに、「このような訓練を行う人は特権的な人間の階層を形成しようとしている。この階層の人びとは、自分たちの知識を意図的にほかの人間には教えないで、秘密にしておこうとしている」と考えるかもしれません。あるいはまた、次のように考える人もいるかもしれません。「このような知識の背後には、重大な事柄は何も潜んでいないと思われる。なぜなら、もしそれが真の知識であるとしたら、それを秘密にする必要はないからである。その場合、知識は広く伝えられ、すべての人がその恩恵を受けることができるはずである」

神秘学を知らない人がこのような考え方をするとしても、神秘学の本質を学んだ人間は、少しも不思議には思いません。秘儀参入の秘密とは本質的にどのようなものなのか、ということを理解できるのは、存在の高次の秘密についてある程度まで教えを受けた人間だけなのです。

ここで、次のように問いかける人がいるかもしれません。「もしそうだとすると、どうすれば神秘学的な事柄について教えを受けていない人間が、神秘学に人間的な興味を抱くことができるのでしょうか。秘儀参入の秘密について学んでいない人間は、その本質をまったくイメージすることができないような事柄をどのようにして探究すべきなのでしょうか。またその人は、このような探究をなぜ行わなくてはならないのでしょうか」

このような問いかけの基盤になっているのは、神秘学の本質に関するまったく誤った観念です。実際には神秘学を学ぶのは、そのほかの知識や能力を身につけるのと同じことなのです。なぜ文字を書くという行為は、それを学んでいない人にとっては秘密めいたもののように思われるのでしょうか。通常の人間にとって神秘学が秘密めいた事柄のように思われるのは、文字を学んでいない人には文字が秘められた事柄のように思われるのと、本質的に同じなのです。文字を習得するための正しい方法を選ぶならば、誰でも文字を書くことができるようになります。それと同じように、習得するための適切な方法を選ぶ人は誰でも、神秘学の学徒に（あるいは神秘学の師に）なることができるのです。

ただし神秘学の習得に関しては、そのほかの外面的な知識や能力と較べると、一つだけ事情が異なっている点があります。たとえば私たちが文字を書く技術を習得する場合には、貧しさのために、あるいは自分が生まれた世界の文化的な事情のために、文字を学習することが不可能になることがあります。ところが高次の世界において知識や能力を獲得する際には、それを真剣に求める人にとってはどのような障害も存在しないのです。

多くの人は、「秘められた事柄について教えを受けるためには、高次の知識を備えた導師をどこかに見つけなくてはならない」と信じています。しかしこの場合、私たちは、二つの真実が同時に存在している、と考えなくてはなりません。第一の真実とは、「高次の知識を真剣に求める人は世界の高次の秘密を手ほどきしてくれる秘儀参入者を探し出すのに、どんな苦労も、障害も、いとわないはずである」というものです。そしてその一方で、「どのような状況のもとにおいても、認識を求めて、ふさわしい方法で真剣に努力する人には、秘密は明かされる」ということも、誰の目にも明らかな第二の真実として存在しています。というのも、秘儀参入者は皆、「高次の秘密を求める人には、その人にふさわしい知識を伝えなくてはならない」という当然の掟に従うからです。しかしそれと同時に、「ある種の秘められた知識に関しては、能力が十分なレベルに達していない人には明かすことは許されない」という掟も存在しています。この二つの掟に従うとき、秘儀参入者は、より完全な存在になります。すべての秘儀参入者をつなぐ霊的な絆は、表面的な性質のものではありません。この二つの掟をとおして、確固とした枠組みが作り上げられています。本書を構成するさまざまな要素は、この枠組みの範囲内で一つにまとめられることになるでしょう。

この本を読んでいるあなたは、秘儀参入者と親密な友情を育てていくことができるかもしれません。しかしみずから高次の知識を身につけるまでは、あなたは、その人の本質から隔てられたままの状態に留まることになります。確かにあなたは、秘儀参入者から、思いやりの気持ちや愛情を受け取ることができるかもしれません。しかしその人は、あなたがそれにふさわしい段階に成熟するまでは、けっして秘められた知識について語ることはないでしょう。たとえあなたがその人に媚びへつらおうと、その人を拷問にかけようと、秘められた事柄を明かすようにその人に強要することは不可能です。その人は、秘密をあなたに明かしてはならない、ということを知っています。というのも、あなたは現在の発達段階において、秘密を魂のなかに正しく受け入れる準備ができていないからです。

秘密を受け取る段階まで人間を霊的に成熟させる道は、厳密に定められています。この道がめざす方向は、霊的な世界において、消すことのできない永遠の文字によって、最初から示されています。秘儀参入者たちは、この霊的な世界において高次の秘密を守っています。有史以前の太古の時代には、霊的な神殿は霊的な世界に存在するだけではなく、目に見えるものとして外界に存在していました。しかし私たちの生活が霊的でなくなってしまった現代では、霊的な神殿は、目によって知覚できる外界には存在しなくなりました。しかし本当は、霊的な神殿はいたるところに存在しています。そしてそれを探そうとする人は、実際にそれを見つけることができるのです。

秘儀参入者から秘密を教えてもらうための手段は、私たち自身の魂のなかにしかありません。私たちはまず自分自身のなかで、ある種の特性を特定の高いレベルまで発達させなくてはなりません。そうすれば最高の霊的な宝物が、おのずと私たちに与えられることになります。

まず最初に私たちが身につけなくてはならないのは、魂のある種の基本的な気分です。霊的な探究をする人びとは、この基本的な気分を尊敬の道 Pfad der Verehrung と呼んでいます。この場合、尊敬という言葉は、真理と認識に対する恭順の気持ちを表しています。神秘学の学徒になることができるのは、このような基本的な心的態度を備えている人だけです。霊的な事柄に関する領域において経験を積んでいる人は、のちに神秘学の学徒となる人間が子どもの頃にどのような素質を備えているか、ということをよく知っています。

神聖な畏敬の念を抱きながら、尊敬する人物のほうを見上げる子どもがいます。子どもは、このような人物に畏敬の念を抱いています。子どもは畏敬の念を抱くことをとおして、心の底のもっとも奥深い部分において、批判したり、反対したりするような考えを抱かなくなります。その子どもは成長して、やがて少年や少女になります。この少年や少女は、尊敬できる対象のほうを見上げることができるときに、喜びを覚えます。このような子どもたちのなかから、将来の神秘学の学徒が多く育っていきます。

たとえばあなたは、誰か尊敬する人物を初めて訪問するときに、その人のドアの前に立った体験はありませんか。あなたは、あなたにとっての聖域である部屋に入るために、ドアのノブを回したとき、神聖な畏敬の念を抱きませんでしたか。このときあなたのなかに生まれた感情こそが、これから先、神秘学の学徒となるために必要なものの萌芽なのです。

もしこのような畏敬の感情を素質として備えているならば、それは、成長期にある子どもにとって幸運なことだといわなくてはなりません。このような素質をもっている子どもは将来誰かに服従したり隷属したりすることになる、などとは考えないで下さい。子どもが人を敬う気持ちは、もっとあとになってから、真理や認識に対する尊敬の感情へと成長します。ふさわしい時期に尊敬の感情を育てることを学んだ人は、本当の意味で自由にふるまうとはどういうことなのか、ということも、よく理解できるようになります。尊敬の感情が心の底から自然に湧き上がってくるならば、いつでも、それは正しいものなのです。

自分よりも高いレベルの存在がいる、という深い感情を発達させない限りは、私たちは、高みをめざして上昇するのに必要な力を自分自身のなかに見出すことはできません。秘儀参入者は、畏敬と恭順の気持ちを心情のなかに深く受け入れることによって、認識の高みを仰ぎ見るための力を身につけたのです。私たちは恭順という門を通過することによって、初めて霊の高みに昇ることができます。

知恵を敬うことを学んだときに、あなたはようやく本当の知恵にたどりつくのです。

人間は誰でも、目を光のほうに向ける権利を備えています。しかし人間はこの権利を、自分の手で獲得しなくてはなりません。物質的な生活と同様に、霊的な生活にも法則があります。たとえばガラスの棒を適当な物質でこすると、そこに静電気が発生します。つまり、このときガラスの棒に小さな物体を引き寄せる力が生じたわけです。この現象は、自然の法則にかなっています。物理学を少しでも学んだ人は誰でも、このことを理解できます。それと同じように、神秘学の最初の基礎を学んだ人は皆、「人間の魂のなかで育くまれる真の恭順の感情をとおして、認識を前進させる力が、遅かれ早かれ発達する」ということを知っているのです。

恭順の感情を素質として備えている人や、幸運にも、適切な教育をとおして恭順の感情を発達させてきた人は、のちに高次の認識への入り口を探求するときに、多くのものをたずさえていくことができます。一方、このような準備ができていない人は、自己教育をとおして恭順の気分をエネルギッシュに自分のなかに生み出そうと努めない限り、認識の道の第一段階で困難に直面することになります。

私たちが生きている時代では、この点に十分な注意をはらうことがとくに重要です。現代の文明においては、人びとは何かにつけて批判したり、裁いたり、断定的な評価を下したりしがちです。現代人が恭順の感情や、献身的な尊敬の念を抱くことはほとんどありません。子どもでさえ、献身的に何かを敬うよりも、さまざまなものを批判することのほうがはるかに多いのが現状です。すでに述べたように、献身的な畏敬の念は高次の認識へと到る魂の力を育ててくれます。一方、批判的な態度や断定的な判断は、畏敬の念に匹敵するくらい強い力で高次の認識へと向かう魂の力を消し去ります。

私はここで、現代文明について何らかの意見を述べようとしているわけではありません。私たちの文明を批判しても、意味はありません。私たちの文化がこれほど偉大なものになったのは、批判的な精神や、自己意識に基づく人間の判断力や、「すべてを検証し、最良のものを保持する」[1]という態度のおかげです。いたるところで批判的な精神を働かせながら、判断という尺度を活用することで、人類は、現代のような学問や産業や交通や法制度のレベルに到達することができました。しかしその一方で、このような表面的な部分においてすぐれた文化を生み出すのと引き替えに、私たちが高次の認識や霊的な生活を失ったのも、事実なのです。いずれにしても、私たちはここで、「高次の知恵に関しては、人間を崇拝することが重要なのではなく、むしろ真理と認識を敬う気持ちを育てることのほうが大切である」ということを強調しておく必要があるでしょう。

私たちは皆、「表面的な部分において発達を遂げた現代文明のまっただなかにいる人間にとっては、高次の認識をめざして進んでいくのは容易なことではない」ということだけは理解しておかなくてはなりません。現代文明のなかで生活している人間は、向上することをめざしてエネルギッシュに努力することによってのみ、高次の認識に向かって前進することができるのです。かつて物質的な生活環境が素朴なものであった時代には、人間は現在よりも容易に、霊的に向上することができました。そのような時代には、尊敬に値するものや神聖に取り扱うべきものが、世界のそれ以外の部分から際立っていました。ところが、現代のような批判的な精神があふれている時代では、理想は低い位置にまで引きずり降ろされています。いまでは、尊敬や畏敬や崇拝や感嘆といった感情は別の種類の感情に取って代わられるようになりました。私たちの時代においては、尊敬や畏敬などの感情はますます背後に押しやられるようになりました。そしてその結果、人間が日常生活をとおしてこのような感情を体験する機会は、ますます少なくなっています。高次の認識を探究する人は、尊敬や畏敬などの感情を自分自身のなかに生み出さなくてはなりません。高次の認識を求める人は、自分でこのような感情を魂のなかに吹き込むのです。このことは、学問的な研究をとおして実現するものではありません。それは人生そのものをとおしてのみ、成し遂げられるのです。

ですから神秘学の学徒になろうと思う人は、恭順の気分を育てることをめざして、エネルギッシュに自分自身を教育していく必要があります。神秘学の学徒を志す人は、周囲の世界や自分自身の体験のいたるところに、崇拝や尊敬の感情を呼び起こすものを探さなくてはなりません。たとえば私がある人に会ったときに、その人の欠点を批判的に見ると、私のなかから高次の認識能力が奪われます。一方、ある人に出会ったときに、愛情をこめてその人の長所のなかに深く没頭するならば、私は高次の認識能力を自分自身のなかに蓄えることになります。神秘学の学徒は、このような教えを守るように、たえず注意しなくてはなりません。経験を積んだ神秘学の学徒は、「いつも、すべての物事のよい面を見るようにし、人を裁くような判断を下さないようにすることによって、私は、どれほど多くの力を発達させることができたか」ということを知っています。しかしこのことは、単なるうわべだけの人生の規則に留まるべきではありません。それは、私たちの魂のもっとも奥深い部分をとらえなくてはならないのです。

私たちは意のままに、自分自身を完全なものにしたり、時間の経過とともに自己をまったく別の存在に変えていくことができます。ただしこのような変化は、私たちのもっとも奥深い部分において（すなわち思考の営みにおいて）生じなくてはなりません。たとえば私が、表面上うやうやしくふるまうことによって、ある人物に尊敬の念を示すだけでは不十分です。私は思考の営みにおいて、実際にこのような尊敬の気持ちを抱かなくてはならないのです。神秘学の学徒は、まず、恭順の感情を思考の営みのなかに受け入れることから始めなくてはなりません。神秘学の学徒は、自分自身の意識のなかに現れる、軽蔑や否定的な批判と結びついた思考に注意をはらわなくてはなりません。そして神秘学の学徒は、自分自身のなかで恭順と結びついた思考を育てるように努めるのです。

たとえば私たちが静かに座って、自分自身の意識の内部を見つめ、そこに、世界や人生を否定したり、裁いたり、批判したりするような判断が含まれていることに気づくとします。私たちはこのとき、高次の認識に近づきます。そしてこのようなときに、世界や人生に対する感嘆や尊敬や崇拝の感情で満たしてくれるような思考のみを意識に上らせるようにすると、私たちは早く向上することができます。経験を積んでいる人は、このようなときにふだんまどろんでいる力が人間のなかで目覚める、ということを知っています。まさにこのことをとおして霊的な目は開かれ、私たちは以前は見ることができなかったものを自分の周囲に認めるようになるのです。私たちは、それまでの自分がまわりの世界のほんの一部分しか見ていなかったことを、理解し始めます。そしてそのとき、私たちがいつも出会う人間が、それまでとはまったく違った姿を現すようになります。

確かに私たちは、このようにして尊敬の道を歩み始めたとしても、すぐに人間のオーラと呼ばれているものを見ることはできないかもしれません。なぜなら人間のオーラを見るためには、さらに高次の訓練が必要とされるからです。しかしこのような高次の訓練へと上昇することができるのは、あらかじめ恭順の訓練をエネルギッシュに積んでおいた人だけなのです*原註。

神秘学の学徒は、目立たず、人に気づかれることなく、「認識の小道」に足を踏み入れます。周囲の人びとは誰も、神秘学の学徒に生じた変化に気づきません。神秘学の学徒になることを志す人は、みずからの義務をいままでどおりにはたします。学徒は、それまでと同じように仕事をします。外から見ることができない学徒の魂の内部においてのみ、変化は生じるのです。

まず最初に、真に尊敬に値するあらゆるものに対する基本的な恭順の気分が、神秘学の学徒の心情生活全体に光を投げかけるようになります。このようなただ一つの基本的な感情が、魂的な生活の中心になります。太陽が光をとおしてすべての生き物を活気づかせるように、神秘学の学徒の内面では、尊敬の念が、魂のすべての感情を生き生きとしたものに変化させるのです。

初めのうちは私たちにとって、尊敬や崇拝などの感情が認識と関係がある、ということを信じるのは困難です。というのも私たちは認識を、魂のなかで生じていることとは無関係な、それ自体独立した能力としてとらえることに慣れているからです。この場合私たちは、認識しているのは魂である、とは考えません。魂にとって感情とは、物質体にとっての物質と同じようなものです。物質は、物質体の栄養状態に影響を及ぼします。たとえば私たちがパンの代わりに石を摂取すると、物質体は死滅します。それと同じようなことは、魂にも、生じます。魂にとっては、尊敬や崇拝や恭順といった感情が、物質体に養分を与える物質と同じような役割をはたします。これらの感情は魂を健全で力強いものにします。これらの感情は、とくに認識と関わる魂の力を強めます。賞賛すべきものを軽蔑したり、毛嫌いしたり、過小評価したりすると、人間の認識能力は麻痺し、死滅します。

霊的な探求を行う人は、ここで述べているような事実を、実際に人間のオーラAuraから読み取ることができます。崇拝する気持ちや恭順の感情を身につけると、人間の魂のオーラは変化します。それまでの黄色がかった赤色、あるいは茶色がかった赤色の色調は消えて、代わりに青みがかった赤色が現れます。このとき、人間の認識能力は開かれます。その人間は、開かれた認識能力をとおして、それまで予感したこともなかった、周囲の世界の事実をとらえるようになります。崇拝の感情は人間の魂のなかに、共感の力を呼び起こします。それまで隠されていた、私たちの周囲の存在たちの特性は、この共感の力をとおして私たちのほうに引き寄せられるのです。

私たちが恭順をとおして達成するものは、別の種類の感情が加わることによって、さらにその作用を強めます。この感情は、私たちが外界の印象に身をゆだねる度合いを少なくし、その代わりに、生き生きとした内面的な生活を育てることによって生み出されます。

外界の印象を次から次へと追いかける人や、「気を紛らしてくれるもの」をたえず求めている人は、神秘学へ到る道を見出すことはできません。確かに、神秘学の学徒は外界に対して鈍感になってはなりません。しかし、外界の印象に身をゆだねるときには、神秘学の学徒は豊かな内面生活をつねに一定の方向に向けるように心がけなくてはならないのです。

たとえば美しい山岳地帯を歩くとき、感情豊かで深い心情を備えている人は、感情の乏しい人とは別の体験をします。私たちは、内面的に体験することによって初めて、外界の美しさにたどりつくための鍵を手に入れるのです。海の上を船で旅行するときにも、魂のなかで、ほとんど内面的な体験をしない人がいます。その一方で、航海をするあいだに、世界霊 Weltgeist の永遠の言葉を感じ取ることができる人もいます。このような人には、創造の秘められた謎が明かされます。外界とのあいだに内容豊かな関係を育てていこうと思うならば、私たちはまず自分自身の感情や表象を大切にすることを学ばなくてはなりません。外界のあらゆる現象は、神的な壮麗さによって満たされています。しかし神的なものを外界に見出すためには、私たちはまず、それを自分の魂のなかで体験しなくてはならないのです。

神秘学の学徒は、生活のなかに、一人静かに自分自身の内部に沈潜する時間を生み出すように教えられます。神秘学の学徒は、このような時間に、自分の自我と結びついた事柄に身をゆだねないように注意しなくてはなりません。もしこのような事柄と関わりあうならば、本来の目標とは正反対の作用が生み出されることになります。神秘学の学徒は、自己の内部に沈潜する、この上なく静かな時間において、みずから体験したことや、外界が自分自身に向かって告げたことの余韻を鳴り響かせなくてはなりません。このような静かな時間に、花や、動物や、人間の行為は、学徒が予想もしていなかったような秘密を解き明かしてくれます。そしてそのことをとおして神秘学の学徒は、外界の新しい印象を、それまでとはまったく別の目で見るように準備されます。

次から次へと印象を楽しもうとするならば、私たちは自分自身の認識能力を鈍らせることになります。これに対して、楽しんだあとで、このような楽しみそのものから何かの開示を受け取るならば、私たちはみずからの認識能力を育て、教育することができます。神秘学の学徒は、楽しみの余韻だけを自己の内面で鳴り響かせるのではなく、それ以上楽しむことをあえて断念して、内面的な活動をとおして、自分が味わった楽しみを消化しなくてはなりません。このような生活態度が神秘学の学徒にとって、習慣にならなくてはなりません。

ここに横たわっている障害はきわめて大きなものであり、危険をはらんでいます。私たちは、自分の内面で楽しみを消化する代わりに、とかく正反対の状態に陥り、あとからあとから、楽しみだけを完全に味わい尽くそうとしがちになります。これこそは神秘学の学徒が陥りやすい、予測しがたい過ちのみなもとなのです。私たちはこのことを軽視してはなりません。神秘学の学徒は、群がる魂の誘惑者たちのあいだを縫って、進んでいかなくてはなりません。誘惑者たちは皆、神秘学の学徒の「自我」を硬化させ、それを学徒自身の内面に閉じ込めようとします。しかしながら神秘学の学徒は、自我を世界に向かって開かなくてはならないのです。

確かに、神秘学の学徒は楽しみを求めなくてはなりません。なぜなら楽しみを求めることをとおして、外界は神秘学の学徒のほうに近づいてくるからです。楽しむことに対して鈍感になると、神秘学の学徒は、まわりの世界から養分を吸い取れない植物のような状態に陥ります。しかし、だからといって、楽しむことだけに終始するならば、神秘学の学徒は、自分のなかに閉じこもってしまうことになります。そのとき神秘学の学徒は、自分自身にとっては価値ある存在になるかもしれませんが、世界にとっては何の意味ももたない存在になってしまいます。このとき神秘学の学徒は、自分自身のなかで集中的に生き、自分の「自我」を強く育成するかもしれませんが、世界は彼を締め出します。世界にとって、彼は死んでいるのも同然なのです。

神秘学の学徒は楽しみを、世界のためにみずからを高貴なものに変えるための手段と見なします。神秘学の学徒にとって、楽しみとは、世界についてさまざまなことを教えてくれる情報提供者のようなものです。神秘学の学徒は、楽しみをとおして世界についてさまざまな事柄を学んだあとで、それを内面的に消化する仕事にたずさわります。神秘学の学徒が楽しみをとおして学ぶように心がけるのは、学んだ事柄をみずからの知識の宝物として蓄えるためではなく、世界のために役立てるためなのです。

あらゆる神秘学に共通する基本原則が一つあります。何らかの目標に到達しようと思うならば、私たちはこの基本原則に背くことは許されません。どのような神秘学的な修業においても、神秘学の学徒は、この基本原則を守るように教えられます。その基本原則とは、次のようなものです。

自分自身の知識を豊かなものにし、自己の内面に宝物をため込むために求める認識はすべて、あなたを正しい道から逸脱させます。一方、みずから気高い存在となり、世界の進化と歩調をあわせて成熟するために求める認識は、あなたを前進させます。

私たちは、このような厳格な法則に従わなくてはなりません。このような法則を人生の規範とするとき、私たちは初めて、本当の意味において神秘学の学徒になることができるのです。霊的な修業に関するこのような真理を、短くまとめると次のようなものになります。

理想とならないような理念はすべて、あなたの魂の力を殺します。また、理想となるような理念はすべて、あなたのなかに生きる力を生み出します。

内面の平静

訓練の道を歩み始めたばかりの神秘学の学徒は、まず初めに、尊敬の道を歩み、内面的なものを育てるように教えを受けます。このとき神秘学の師は、神秘学の学徒に実践的な規則についても教示します。神秘学の学徒は、この実践的な規則に従うことによって、実際に尊敬の道に足を踏み入れ、内面的なものを発達させることができるようになります。

このような実践的な規則は、誰かが恣意的に作り出したものではありません。それは、太古の昔の経験や知識に基づいて生み出されたものです。この実践的な規則は、高次の認識に到る道が示されるところでは、どこでも、同じような方法で教えられます。真の霊的生活の師は、このような実践的な規則の内容に関しては、一致した見解を抱いています。もっともこの場合、師ごとに言葉による表現のしかたは異なることがあります。このような副次的な、表面的な違いはさまざまな事情から生じますが、ここでは、この問題については触れないことにします。

霊的な師はこのような規則をとおして、ほかの人間を支配しようとはしません。師は、いかなる人の自立性も侵害することはありません。というのも神秘学の探究者ほど、人間の自立性を尊重し、守る人は、ほかにいないからです。「条件」の章の初めのところで述べたように、すべての秘儀参入者をつなぐ絆は霊的な性質を備えています。そしてこの場合、「高次の秘密を求める人間には、その人にふさわしい知識を伝えなくてはならない」・「ある種の秘められた知識に関しては、能力が十分なレベルに達していない人には、明かすことは許されない」という、二つの掟が枠組みの役目をはたし、この霊的な絆を構成する要素を一つにまとめます。

そして秘儀参入者が、自分のまわりを取り囲む霊的な領域から外に出て、一般の人びとと出会うときには、第三の掟が考慮されます。それは、「どのような人間の自由な意志決定も侵害しないように、あなたの行為と言葉を整えなさい」というものです。真の霊的な師は、このような心的態度を完全に身につけています。このことを認識した人は、「指示されたとおりの実践的な規則に従ったからといって、私の自立性はまったく失われることはない」ということを理解するはずです。

初歩の段階で示される実践的な規則の一つは、次のような言葉でいい表すことができます。

内面の平静の時間を生み出しなさい。そしてこのような時間に、重要な事柄と重要でない事柄を区別することを学びなさい。

ここで私は、このような規則を「通常の言語をもちいて」いい表しました。しかし本来は、神秘学の規則と教えは、すべてイメージによる象徴言語によって教示されるものなのです。そして象徴が意味するものと、その意味が及ぶ範囲を理解しようとするならば、学徒はまず、このような象徴言語を自分自身で理解しなくてはなりません。そして象徴言語を正しく理解するためには、学徒は神秘学の道の最初の数歩をすでに歩み出していなくてはなりません。学徒は、ここに示されている規則を厳密に守ることによって、最初の数歩を歩むことができます。この道は、確固とした意志を抱いているすべての人に対して開かれているのです。

このような内面の平静の時間に関する規則は、とてもシンプルなものです。そしてこの規則に従うことも容易です。しかし私たちが目標に到達できるのは、この規則がシンプルなものであるからこそ、いっそう真剣に、厳しくそれを遵守する場合だけなのです。ですからここでは単刀直入に、どのようにしてこの規則を守るべきなのか、ということについて述べることにしましょう。

神秘学を志す学徒は、短い時間のあいだ、自分自身を日常生活から切り離さなくてはなりません。それは、このような時間に、日常的な仕事の対象とはまったく異なる事柄に関わるためです。学徒は、一日のそれ以外の時間を過ごしているときとは別の方法で、日常生活とは異なった事柄に関与しなくてはなりません。ただしこの場合、「学徒がこのような日常生活から切り離された時間に行うことは日々の仕事の内容とは関係がない」とは考えないで下さい。事実は、それとは正反対なのです。このような日常生活から切り離された時間を正しい方法で生み出そうとするとき、私たちはすぐに、「このような特別の時間をとおして、人間は初めて、日々の課題に対処するための完全な力を得ることができる」という事実に気づくことになります。ですから、このような規則に従うと日常的な義務をはたすための時間が奪われてしまう、などとは考えないで下さい。訓練にあてる時間が十分にないときは、毎日五分間だけ、この目的のために使えば十分です。この場合、この五分間をどのようにして使うか、ということが重要なのです。

このような時間には、学徒は自分自身を完全に日常生活から切り離さなくてはなりません。そのとき、学徒の思考や感情の営みは、それ以外の時間とは別の色あいを帯びなくてはなりません。学徒は、みずからの喜びや悲しみや心配ごとや、経験や行為を、自分自身の魂の前によぎらせます。そして、このとき、ふだん体験しているあらゆる事柄をより高い観点から眺めるようにします。

ここで、次のように考えてみて下さい。私たちは、日常生活において、ほかの人の体験や行為を、自分自身の体験や行為とは、まったく別の観点から眺めています。これは、必然的にそうならざるをえないのです。というのも私たちはふだん、自分自身の体験や行為のまっただなかで生活しているからです。日常生活のなかで私たちが観察するのは、ほかの人間の体験や行為だけなのです。しかし日常生活から切り離された時間においては、私たちは、自分ではなく誰かほかの人が体験したり、行為したりしているようなつもりになって、みずからの行為や体験を眺めたり、それに対して判断を下したりしなくてはなりません。

たとえば次のような例について考えてみましょう。ある人が運命の打撃に見舞われるとします。このときその人は、知人が同じような運命の打撃を体験するのをかたわらで見ているときとは、まったく異なった感じ方をするはずです。自分自身が不幸な目にあうとき、私たちが、ほかの人間が不幸に見舞われるのを見ているときとはまったく異なった感じ方をするとしても、誰も、そのことを不当なこととは見なさないはずです。なぜならそれは、人間の本性に根ざしているからです。同じようなことは、このような特殊なケースだけではなく、日常生活のさまざまな事柄に関しても起こります。

神秘学の学徒はある特定の時間に、まったくの他人になったようなつもりになって、自分自身と向きあう力を育てることを試みなくてはなりません。その人は、判断する人間として内面の平静 innere Ruhe を保持しながら自分自身と向きあわなくてはなりません。このような境地に到達すると、私たち自身の体験がまったく新しい光のもとに姿を現します。自分自身の体験と結びつき、そのなかに埋没しているあいだは、私たちは重要な事柄にも、重要でない事柄にも、同じように関わっています。しかしながら内面の平静を保持しながら自分自身の体験を俯瞰《ふかん》的に見下ろすことができるようになると、私たちは、重要な事柄と重要でない事柄を区別できるようになります。このようにして自分自身と向きあうと、悲しみや喜びや、一つひとつの思考や決断は、それまでとはまったく違った姿を現すようになります。

たとえていうと、私たちは昼間はずっと、ある一定の場所に留まりながら、とるにたらないことも重要なことも、すべて近くで見ているような状態で生活しています。そして夜になってから、私たちはすぐそばの丘の上に登って、自分が昼間いた場所を一望のもとに見下ろすとします。するとその場所のさまざまな部分が、私たちが昼間そのまっただなかにいたときとは別の形で結びつきながら、姿を現すのです。

もちろん私たちが、いま現在自分が体験している運命に関してこのような観察を試みても、うまくいかないでしょう。また、そのような観察を試みる必要もありません。しかしながら霊的な生き方をめざす人は、少なくともずっと過去に過ぎ去った事柄に関しては、このような観察を試みるべきです。

このように内面的に静かに自己を見つめる訓練に関しては、そのとき私たちが見る事柄そのものよりも、内面の平静を育てる力を自分自身のなかに見出すことのほうに意味があります。

私たちは皆、日常的な人間（ふだん生活しているときの人間のことを、ここではこのように呼ぶことにしましょう）のほかに、内面にさらに高次の人間をもっています。この高次の人間は、目覚めさせられるまでは、ずっと隠れています。そしてすべての人間は自分自身の力をとおしてのみ、この高次の人間を自己のなかに目覚めさせることができるのです。この高次の人間が目覚めるまでは、すべての人間のなかでまどろんでいる、超感覚的な認識に到達するための高次の能力は、ずっと隠されたままの状態に留まります。

神秘学の学徒は、内面の平静がもたらす成果を実感することができるようになるまでは、真剣に、厳格に、すでに述べたような規則に従い続けるように自分にいい聞かせなくてはなりません。このような態度を保持するうちに、まわりが霊的に明るくなり、目の前にそれまで自分のなかに感知したことのないまったく新しい世界が姿を現す瞬間を、誰もが体験することになります。

このような規則に従うようになったからといって、神秘学の学徒は、日常的な人生を変える必要はありません。神秘学の学徒は、それまでと同じように、みずからの義務をはたすことに専念します。神秘学の学徒は、初めのうちは、それまでと同じように悩みを抱いたり、喜びを体験したりします。訓練を始めたからといって、神秘学の学徒が「人生」から疎外されることはありません。むしろ神秘学の学徒は、日常生活から切り離された時間に「高次の人生」を生きることによって、昼間活動しているときには、日常的な「人生」を生きることにより専念できるようになります。

このような「高次の人生」は、少しずつ日常生活に影響を及ぼし始めます。学徒が日常生活から切り離された時間に体験する平静さが、日常生活そのものにも作用するようになります。人間全体がより落ち着いたものになり、神秘学の学徒は、自分自身の行動すべてに自信をもち始めます。そして学徒は、どんな予期せぬ出来事が起こっても、落ち着きを失わないようになります。神秘学の入門者としての学徒は、自分自身をいっそう支配することができるようになり、まわりの状況や外界の印象によってふりまわされることが少なくなります。学徒は、「このような日常生活から切り離された時間は、私にとって豊かな力のみなもとになる」という事実に気づくようになります。学徒は少しずつ、以前なら腹を立てたような事柄と出会っても、怒らないようになります。また、以前なら不安を抱いたような多くの事柄と向きあっても、恐れを抱かないようになります。学徒は、人生に対して、まったく新しい考え方を抱きます。いままでは、内心びくびくしながら、ある仕事に取り組んだかもしれません。そして、「ああ、私自身が望んでいるような形でこの仕事をやりとげるには、私の力は不十分だ」と考えたかもしれません。しかし、学徒は、もうそのようには考えません。学徒は、まったく別の考えを抱きます。いまでは学徒は、「私がはたすべき事柄を、できるだけうまく成し遂げるために、もてる限りの力を注ぐことにしよう」と考えます。そして、自分を臆病にするような考えは抑制します。なぜなら学徒は、「臆病な態度は、もっとよくない仕事の結果を生み出す原因となる。どのような場合においても、臆病な態度は、私の義務として課せられていることをよりよい方向にもっていくのに、何の役にも立たない」ということを知っているからです。

このようにして、神秘学の学徒の人生に対する考え方のなかに、人生にとって実り豊かで、有益な思考が次から次へと入り込んできます。そしてこのような有益な思考が、それまで学徒を妨害し、弱めるように作用していた思考に取って代わるようになります。いままでは人生という船は、日常生活の大波に翻弄《ほんろう》されていたようなものでした。しかしこれからは学徒は、大波のまっただなかで、人生という船を確実にしっかりと進ませるようになります。

このような平静で落ち着いた気分は、人間存在全体にも影響を及ぼし、そのことによって内なる人間が成長を始めます。そして内なる人間とともに、高次の認識に到るための内面的な能力が成長するようになります。というのも、このような点において進歩することによって、神秘学の学徒は次第に、どのように外界の印象の作用を受け取るか、という点に関して自分自身を制御できるようになるからです。

たとえば学徒は、誰かが自分を傷つけたり、怒らせようとして口にする言葉を耳にするとします。神秘学の訓練を始める前だったら、学徒は、この言葉を聞いて傷ついたり、怒ったりしたかもしれません。しかしいまでは学徒は、すでに神秘学の道を歩み始めているので、その言葉が自分の内面に入り込んでくる前に、自分を傷つけたり、怒らせたりする刺《とげ》を抜き取ることができます。

さらに、別の例をあげてみましょう。たとえば、待たされると、すぐいらいらする傾向のある人がいるとします。この人が、神秘学の学徒としての道を歩み始めます。するとその人は、平静の時間に、「どんなに焦燥感に駆られても無駄である」という感情を自分のなかに十分に浸透させることによって、その後は焦燥感を体験するたびに、すぐにこの感情をよみがえらせることができるようになります。そのため、まさに現れようとしていた焦燥感は消え去り、以前ならば、いらいらの種となる事柄について考えることで費やされていたはずの時間は、たとえば待たされているあいだに有益な観察をするのに使うことが可能になります。

ここで、こうしたことすべてがどのような影響や結果をもたらすのか、という点について考えてみましょう。
人間のなかの「高次の人間」はたえず成長を続ける、ということについて考えてみて下さい。高次の人間は、すでに述べてきたような平静で落ち着いた気分をとおしてのみ、法則にかなった成長をすることができます。私たちが自分自身で人生を支配するのではなく、人生によって支配されているときには、外界からやってくる人生の大波は、内なる人間をあらゆる側から束縛します。内なる人間は、岩の割れ目で育つ植物のような状態におかれています。育つのに必要な場所を用意してもらうまでは、この植物は、ずっと成長を妨げられたままです。外界に存在する力が、内なる人間のために必要な場所を用意することはできません。それができるのは、私たちが自分自身の魂のために用意する内面の平静だけなのです。外界の状況が変えることができるのは、私たちの人生の表面的な状態だけです。外界の状況は、私たちのなかの「霊的な人間」を目覚めさせることはけっしてできないのです。

　神秘学の学徒は、自分自身のなかに、新しい高次の人間を生み出さなくてはなりません。

　そうすれば、この「高次の人間」は、人間が置かれている外界の状況を確実に制御する「内面の支配者」となります。外界と関わる人間が優位に立って支配している限り、「内なる人間」は外界と関わる人間の奴隷となります。このとき内なる人間は、みずからの力を発達させることはできません。私が怒るか、怒らないか、ということが、自分以外の要素によって影響を受けるあいだは、私は自分自身の支配者ではありません。

　より正確に表現すると、このとき私は、まだ「私の内面の支配者」を見出していないのです。私は、自分で決めたとおりに外界の印象の作用を受け取る能力をみずからのうちに育てなくてはなりません。そのとき私は初めて、本当の意味で神秘学の学徒となることができるのです。

神秘学の学徒は、このような力を真剣に探究するときにのみ、目標に到達することができます。学徒が、ある特定の時期までにどこまでやり遂げるか、ということは問題ではありません。大切なのは、学徒が真剣に探し求めるかどうか、ということだけなのです。これまでにも、何年も努力したにもかかわらず、目立った進歩が見られなかった学徒はたくさんいました。しかし疑いの気持ちを抱くことなく、確固とした態度を保ち続けた学徒の多くは、その後まったく突然に、「内面の勝利」を獲得したのです。

確かにある種の人生の状況のもとでは、内面の平静の時間を作り出すには、多大な力が必要となります。しかし必要とされる力が大きければ大きいほど、私たちが達成する事柄も、いっそうすばらしいものになります。神秘学の訓練においては、すべては、「内面において真理を保持し、どこまでも誠実な態度を貫きながら、まったくの他人になったように、自分自身のあらゆる行動や行為とエネルギッシュに向きあうことができるかどうか」にかかっているのです。

しかしながらここで述べている、自己の内部における高次の人間の誕生は、神秘学の学徒が行う内面的な活動の一つの側面にすぎません。ここには、さらに別のものがつけ加えられなくてはなりません。

他人になったようなつもりで、自分自身に向きあうときには、私たちは自分自身だけを観察しています。このとき私たちは、自分が特定の人生の状況をとおして関わっている、さまざまな体験や行動に目を向けています。しかし私たちは、このような境地を脱して、さらに自分が置かれている特定の状況とは関係のない、純粋に人間的なものへと上昇しなくてはならないのです。かりにまったく別の状況や立場のもとで生きているとしても、やはり人間としての自分自身と関わりあうような事柄を、私たちは観察しなくてはなりません。そのことによって、私たちのなかに、個人的なものを越えた何かが活動するようになります。そして私たちは、日常的に関わりあっている世界よりも、さらに高次の世界に目を向けるようになります。それとともに、私たちは、自分はこのような高次の世界に属している、ということを感じ、体験し始めます。それは、私たちが通常の感覚や日常的な活動を基準にしては語ることができないような世界です。このとき初めて、私たちは自己の本質の中心点を内面に移すことができます。私たちは、平静の時間に自分に語りかけてくる、内面の声に耳を傾けます。私たちは内面において、霊的な世界と関わりあうようになります。私たちは、日常生活を離れます。私たちにとって、日常生活の喧騒《けんそう》は沈黙します。いまや私たちのまわりは静かになりました。私たちは、自分のまわりの外界に存在するものを、すべて退けます。また私たちは、外界の印象を呼び起こすような要素も、すべて退けます。このとき私たちは魂のなかで安らかに内省 Beschaulichkeit し、純粋な霊的な世界と対話するようになります。

神秘学の学徒にとっては、安らかな内省が自然にかなった人生の欲求とならなくてはなりません。神秘学の学徒は、まず最初に、ある思考の世界に完全に没頭します。神秘学の学徒は、このような静かな思考の営みを行うときに、生き生きとした感情を育てなくてはなりません。神秘学の学徒は、自分のなかに流れ込んでくる霊を愛することを学ばなくてはなりません。すると神秘学の学徒は、この思考の世界は私を取り巻いている日常的な事物よりも非現実的である、とは感じないようになります。神秘学の学徒は、空間のなかに存在する事物と関わるのと同じように、自分自身の思考と関わりあうようになります。そしてそのあとで、学徒が、「静かで内面的な思考の営みのなかで姿を現すもののほうが、空間のなかに存在する事物よりも、はるかに崇高で現実的である」と感じ始める瞬間が近づいてきます。神秘学の学徒は、この思考の世界のなかに、生命が出現するのを経験します。神秘学の学徒は、思考のなかには影のようなイメージが現れるだけではなく、思考をとおして隠された存在たちが語りかけてくることを知ります。生命は、静けさのなかから神秘学の学徒に向かって語りかけるようになります。それまでは、生命は神秘学の学徒の耳をとおして鳴り響くだけでしたが、いまでは、生命は神秘学の学徒の魂をとおして鳴り響きます。いまや内面の言語（内面の言葉）が神秘学の学徒に対して開かれたのです。この瞬間を初めて体験するとき、神秘学の学徒は最高の幸福を感じます。神秘学の学徒の外なる世界全体に内面の光が注がれます。このとき、神秘学の学徒の第二の人生が始まります。神的な世界が、神的な至福を与えてくれる世界が神秘学の学徒を貫き、奔流となってあふれ出します。

人間の魂が思考のなかで営む活動は、霊的な本質における活動へと拡大していきます。魂が思考のなかで営むこのような活動は、グノーシス主義や霊学では瞑想 Meditation（内省的な思考）と呼ばれています。瞑想は超感覚的な認識に到るための手段なのです。

神秘学の学徒は、瞑想の時間に、むやみに感情に身をゆだねることがないように気をつける必要があります。神秘学の学徒は、魂のなかに明確でない感覚を抱いてはなりません。明確でない感覚は、神秘学の学徒が真の霊的な認識に到る妨げになります。

神秘学の学徒は、明晰で、明確で、はっきりとした思考を形成しなくてはなりません。神秘学の学徒は、自分のなかに沸き上がってくる想念にむやみに身をゆだねないように心がけることによって、明晰な思考を作り上げるきっかけを見出します。霊的に進歩した、霊によって貫かれた人間が瞑想の時間に抱いた崇高な理念を、神秘学の学徒は自分自身のなかに浸透させなくてはなりません。神秘学の学徒は最初の出発点としては、それ自体、瞑想における啓示のなかから生み出された書物をよりどころにします。神秘学の学徒は、現代の神秘主義やグノーシス主義や霊学の文献のなかによりどころとするのにふさわしい書物を見出します。こうした書物は、神秘学の学徒が瞑想をするための素材を提供してくれます。霊の探究者たちは、このような書物のなかに神に関する学問の思考内容を書き留めました。霊は使者たちをとおして、その思考を世界に告げ知らせたのです。

このような瞑想をとおして、神秘学の学徒は完全に変化します。学徒は、現実に対してまったく新しいイメージを作り上げるようになります。ここでは、このように変化したからといって神秘学の学徒が世間知らずの人間になることはない、ということを強調しておかなくてはなりません。学徒は、どのような場合にも、日常生活の義務から切り離されることはありません。なぜなら彼は、「私が実行すべきどんな小さな行動も、私の前に現れるどんな些細《ささい》な体験も、大いなる世界の存在者たちや世界の出来事とつながりをもっている」ということを理解しているからです。瞑想の時間をとおして、このようなつながりについてはっきりと認識したあとで、学徒は、新しい十分な力をたずさえて日常生活の営みを始めます。なぜなら、いまでは彼は、「私が働いたり、苦しんだりするのは、霊的な大いなる世界とつながるためである」ということを知っているからです。瞑想から湧き出してくるのは、人生に向かう力であり、人生に対するいいかげんな態度ではないのです。

神秘学の学徒は、確実な足取りで人生を歩んでいきます。人生がもたらすあらゆるものが、毅然とした態度で歩み続けるようにうながしてくれます。それまで神秘学の学徒は、なぜ自分は働き、苦しまなくてはならないのか、わかりませんでした。しかしいまでは、学徒はその理由を知っています。

ここで私たちは、「経験を積んだ人間の助言のもとで行われると、瞑想はよりよい形で目的に到達する」ということを念頭に置いておく必要があるでしょう。このような助言者は、どうすればすべてを最良の方法で行うことができるか、ということを知っています。ですから、このような人の助言や指示を、よく検討してみるのはよいことです。人から助言を受けたからといって、神秘学の学徒が自由を失うことは絶対にありません。おぼつかない手探り状態に陥る可能性があった学徒は、このような助言を受けることによって、正確に目的に向かって進むようになります。瞑想に関して知識と経験を積んだ人の助言を参考にすれば、学徒は自分一人で無益な試みをしなくてすみます。ただしこの場合、私たちは、「私が求めるのは友人の助言である。私は、支配欲をもった人間を優位に立たせることは求めない」ということを意識していなくてはなりません。私たちは、「本当にものごとを知っている人は、きわめて謙虚である。その人にとって、いわゆる権力欲ほど縁遠いものはない」という事実をたえず見出すことになります。

瞑想をとおして霊との結びつきを深めていくと、私たちは自己のなかの永遠性や、誕生と死によって制約されないものを、自分自身のなかに見出すようになります。このような永遠性に疑いを抱くのは、それを自分で体験したことのない人だけです。私たちは瞑想をとおして、永遠に変わることのない、けっして破壊されることのない、自分自身の存在の核を認識し、直観します。私たちは瞑想を行うことによってのみ、このような直観に到達することができます。グノーシス主義や霊学では、このような存在の核の永遠性や再受肉（輪廻転生）について語られています。なぜ人間は誕生と死を越えてみずから体験する事柄について何も知らないのだろうか、と問いかける人がよくいます。しかし本当は、このような問いかけはすべきではないのです。むしろ私たちは、どうすれば人間はこのような体験について知ることができるようになるのだろうか、と問いかけるべきなのです。正しい瞑想をとおして、道は開かれます。瞑想することによって、誕生と死のかなたに存在する体験についての記憶が生き生きとよみがえります。すべての人間は、このような事柄について知ることができます。すべての人間のなかに、真の神秘学や霊学やアントロポゾフィー（人智学）やグノーシス主義で教えられる事柄を自分自身で認識し、直観する能力がひそんでいます。人間は正しい手段を選択するだけでよいのです。

耳と目を備えている存在だけが、音と色彩を知覚することができます。物を見せる光がなければ、目は何も知覚することはできません。神秘学では、霊的な耳と目を発達させ、霊的な光を灯すための手段が示されます。霊的な訓練の手段は、以下の三つの段階から成り立っています。

1 準備 Vorbereitung 準備をとおして、私たちの霊的な感覚が発達します。
2 啓示 Erleuchtung 啓示をとおして、私たちのなかに霊的な光が灯されます。
3 秘儀参入 Einweihung 秘儀参入は、私たちが高次の霊的存在と交流する道を開きます。

＊原註――筆者の『テオゾフィー（神智学）―超感覚的な世界認識と人間の使命についての概説』（この本の新版である第十九版は、一九二二年にシュトゥットガルトのデア・コメンデ・ターク Der kommende Tag から出版されました）をお読みになれば、読者は、そこに「認識の小道」について超感覚的な方法で記述されていることがおわかりになるはずです。筆者はこの「認識の小道」の章で、個々の実践的な観点に関して解説してきました。

▼秘儀参入の諸段階

これから、霊的な訓練のさまざまな要素について解説することにします。

これらの要素を正しく実践するとき、私たちはその名称と性質を理解することができるようになります。これらの要素は、三つの段階と関わりあっています。霊的な修業に取り組む学徒は、この三つの段階をとおして、秘儀参入の特定のレベルまで導かれるのです。

ただし本書では、一般に公開することが許される限りのことしか述べることはできません。ですからここに書かれているのは、より深い、秘められた教義から受け取った事柄に関する、おおまかな説明と考えて下さい。

秘儀の修業において、学徒は、明確に定められた訓練の課程に従わなくてはなりません。秘儀の修業では、人間の魂を霊的な世界と意識的に交流させるために、特定の訓練が行われます。このような秘儀の修業と結びついた訓練を、厳密に整えられた程度の高い学校で受ける授業にたとえるならば、私がこれから解説する事柄は、折に触れて予備校で受ける授業のようなものです。しかしながら、このような事柄をまじめに辛抱強く実践するならば、それはそのまま本当の神秘学の訓練につながります。まじめさと辛抱強さを欠いたまま、あせっていろいろ試してみても、私たちは何も達成することはできないのです。私たちが、本書でこれまでに述べてきたような事柄を守り、それに基づいて前進するときにのみ、神秘学の学習は成功をおさめるのです。

伝統的な秘儀において示される段階は、1準備・2啓示・3秘儀参入の三つです。この場合、たとえば第二の段階に入る前に第一の段階を、第三の段階に入る前に第二の段階を完全に経験する、といったぐあいに、三つの段階の順番を厳密に守る必要はありません。場合によっては、私たちは、ある事柄に関してはすでに啓示や秘儀参入の段階に足を踏み入れているのに、別の事柄に関してはまだ準備の段階にいることもありえます。しかし一般的にいえば、啓示の段階に入る前に、私たちは、少なくともしばらくのあいだは「準備の段階」を経験しなくてはなりません。また秘儀参入の段階に入るためには、私たちは、少なくともいくつかの事柄に関しては啓示を体験しておく必要があります。

ここでは、わかりやすく説明するために、三つの段階を順番どおりに紹介していくことにします。

1 準備

準備の段階では、私たちは、ある特定の方法で感情と思考を育成します。自然の力の作用によって、形の定まらない有機的な物質からできている人間の物質体のなかに、さまざまな器官が生み出されたように、私たちが感情と思考を育てることによって、高次の感覚の道具と活動の器官が、魂体と霊体のなかに作り出されるのです。

準備を始めるにあたって、私たちはまず、まわりの世界で起こっている特定の事象に魂の注意を向けなくてはなりません。すなわちそれは芽を吹き、成長し、繁茂する生命と関わる事象と、しぼんだり、枯れたり、死滅したりすることと関わる事象の二つです。私たちが周囲の世界に目を向けてみると、これらの事象は、いたるところに、同時に存在していることがわかります。そしてこのような事象をとおして、あらゆる場所で、ごく自然に、私たちのなかにさまざまな感情と思考が生み出されます。ところが私たちが準備を始めるためには、日常的な状況のなかでこれらの感情や思考に身をゆだねているだけでは、まだ不十分です。私たちは、日常生活においては、あまりにも早く、ある印象から別の印象へと移行していきます。しかし準備を始めるためには、私たちは集中的に、完全に意識的に、これらの事象に注意を向けなくてはならないのです。外界の植物が一定の方法で花を咲かせたり、繁茂したりするのを知覚するときには、私たちは、それ以外の要素をすべて魂のなかから追い出して、短い時間のあいだ、このただ一つの印象に完全に身をゆだねなくてはなりません。すると私たちは、以前だったら魂のなかをさっと通り過ぎていったはずの感情が高まり、力強くエネルギッシュなものになるのをすぐに体験できるようになります。私たちは、このような感情の余韻を、自分自身のなかで静かに鳴り響かせなくてはなりません。このとき私たちは、内面において静けさを完全に保たなくてはなりません。私たちは、そのほかの外界の印象を自分の内面にいっさい入り込ませないようにし、花が咲いたり、繁茂する様子を観察するときに自分自身の魂が語ることだけを、忠実に感じ取らなくてはなりません。

この場合、世界に対する感覚を鈍らせれば、この訓練を達成することができるとは考えないで下さい。まず初めに、私たちはできるだけ生き生きと、正確に対象を観察しなくてはなりません。そのあとで私たちは、魂のなかに生じる感情や、浮かび上がってくる思考に身をゆだねるべきなのです。重要なのは、私たちが内面的な均衡を完全に保ちながら、「観察する対象」と「魂のなかに現れる感情や思考」の両方に注意を向けることなのです。

必要とされる平静さを保ちながら、魂のなかに生じるものに没頭するとき、私たちは、一定の時間が経過したあとで、次のような体験をすることになります。すなわち私たちは、いままで知らなかった新しい種類の感情と思考が、自分自身の内面に姿を現すことに気づくのです。成長したり、花を咲かせたり、繁茂したりする事象と、枯れたり、死滅したりする事象の両方に、ここで述べているような方法で、交互に、何度も注意を向けるうちに、私たちのなかに浮かび上がってくる感情はしだいに生き生きとしたものになります。自然の力の作用によって、有機的な物質のなかから物質体の目と耳が作られるように、このようにして生じる感情と思考のなかから、私たちが霊視するための器官が形成されるのです。

ある特定の感情が、成長したり、生成したりする事象と結びつきます。また、それとは別の特定の感情が、しぼんだり、枯れたりする事象と結びつきます。ただしそのような境地に到達するためには、私たちは、すでに述べたような方法で感情を育成しなくてはなりません。この感情とはどのようなものなのか、できるだけ正確に描写してみることにしましょう。

次のような内面的な体験をすることによって、私たちは、この感情について正確にイメージすることができるようになります。生成したり、繁茂したり、開花したりする事象に何度も注意を向けるうちに、私たちは、日の出を前にしたときに抱く感情にわずかに似たものを感じ取るようになります。

また枯れたり、死滅したりする事象に注意を向けるうちに、私たちは、月が地平線からゆっくりと昇る様子を見るときと似かよった感情を体験するようになります。この二つの感情は、二種類の力です。私たちがこの二種類の力を正しい方法で形成し、ますます生き生きとしたものになるように育てるならば、これらの力はきわめて重要な、霊的な作用を及ぼすようになります。

私たちがはっきりとした意図をもって、計画的にこのような感情に繰り返し身をゆだねると、新しい世界が開かれます。すなわち私たちの前に、魂の世界（いわゆるアストラル界 der astrale Plan）が、少しずつ姿を現し始めるのです。成長と死滅は、いままでのような不確かな印象を呼び起こす現象ではなくなります。成長と死滅は、以前には予想もしなかったような、霊的な線と形姿となって姿を現します。このような線と形姿は、多種多様な現象それぞれと結びついた、さまざまな形態を備えています。たとえば咲き誇る花を観察するとき、私たちの魂の前に、ある特定の線が姿を現します。成長する動物や、枯れていく木も、私たちの魂の前に、それぞれ特定の線を出現させます。魂の世界（アストラル界）は、ゆっくりと私たちの前に広がっていきます。このような線と形姿のなかに、恣意的なものが混じり込むことはありません。正しい訓練の段階にいる二人の神秘学の学徒は、同一の事象と出会うときに、二人とも、つねに同じ線と形姿を目にします。正しく物を見ることができる二人の人間が丸いテーブルを前にすると、二人のうちどちらも、それを丸いものとしてとらえます。同一のテーブルを前にしたとき、一人がそれを丸いテーブルととらえて、もう一人が四角いテーブルととらえることはありません。それと同じように、咲き誇る花を眺めると、二人の人間の魂の前に、確実に、同じ霊的な形態が現れるのです。

通常の博物学者が植物や動物の形態について記述するのと同じように、神秘学に精通している人間は、成長や死滅の事象と結びついた霊的な形態を、属や種に従って記述したり、描いたりすることができます。

このようにして神秘学の学徒は、目によってとらえられる外界の物質的な現象の奥にひそんでいる、霊的な形態を見ることができるようになります。このとき学徒は、神秘学の教えを受けていない人の目には完全に隠されて okkult いる、物質的な存在形態をもたない事物を霊視する段階に近づいています。

ここで、「神秘学を探究する人は、個々の事象は何を意味しているのか、ということばかり考えるべきではない」ということを強調しておきたいと思います。なぜなら悟性を働かせても、私たちは正しい道から逸れてしまうだけだからです。神秘学を探究する人は、まず新鮮な気持ちを抱いて、健全な感覚と鋭い観察の才能を働かせながら感覚的な世界を観察し、そのあとでみずからの感情に身をゆだねるべきなのです。私たちは、個々の事象が何を意味しているのか、ということを、悟性的な思考をとおして理解するのではなく、事物そのものに語らせるべきなのです。*原註1
さらに重要な意味をもつのは、神秘学において、高次の世界における位置確認 Orientierung と呼ばれている訓練です。物質的・感覚的な世界における机や椅子と同じように感情や思考は現実的な事実である、ということを完全に理解するとき、私たちは高次の世界において自分の位置を確認することができるようになります。物質的な世界における感覚的な事物がおたがいに作用しあうのと同じように、魂の世界と思考の世界では、感情と思考は相互に影響しあっています。

このことを生き生きとイメージすることができない人は、「でたらめに撃った銃弾がものにあたると、それがこの銃弾の作用を受けるのと同じように、私たちが抱く誤った思考は、思考の世界で活動するそのほかの思考に対して破壊的に作用する」などとは思ってもみません。そのような人は、物質的な世界において、目に見える物質的な行動が無意味だと感じたら、その行動を取るのを控えようとするのに、誤った思考や感情を抱くことには抵抗を感じません。というのも、その人は、「誤った思考や感情がそのほかの世界に危害を及ぼすことはありえない」と考えているからです。しかし神秘学においては、私たちは、物質界で一歩一歩の歩みに注意をはらうのと同じように、みずからの思考や感情に心を配る場合にのみ、前進することができるのです。

たとえば物質的な世界において、壁にぶちあたると、私たちはその壁をそのまままっすぐ通り抜けようとはしません。壁に出会ったら、当然、私たちは歩く方向を変えます。つまり私たちは、物質界の法則に従って進む方向を決めるわけです。

このような法則は、感情や思考の世界においても存在しています。ただしこの場合、法則は、外界から私たちのほうにやってくることはありません。感情や思考の世界においては、法則は私たちの魂の生命そのもののなかからあふれ出してきます。私たちは、どのようなときにも誤った感情や思考を抱かないように心がけることによって、この境地に到達することができます。私たちは、このような瞬間には、ふらふらして定まらない恣意的な思考や、ふまじめな空想や、偶発的に高まったり、静まったりするような感情を抱かないようにしなくてはなりません。このことによって、私たちの感情が貧弱になることはありません。むしろ私たちは、すぐに、「このように自分自身の内面を制御することによって、初めて、感情は豊かになり、真の想像力を創造的に働かせることが可能になる」ということに気づくようになります。

このとき私たちは、無意味な感情を楽しんだり、さまざまな思考を遊戯的に結びつけたりすることはなくなり、その代わりに意味のある感情と豊かな実りをもたらす思考を抱くようになります。そしてこれらの感情と思考をとおして、私たちは、霊的な世界で自分の位置確認ができるように導かれるのです。私たちは霊的な世界の事象と正しい関係を築くようになります。ある特定の作用が、私たちのために現れます。物質的な存在としての人間が、物質的な事物のなかに道を見出すのと同じように、私たちは、先に解説したような形で体験する成長と死滅のあいだの小道をたどることによって目標へと導かれます。私たちは、成長し繁茂するものと、枯れて死滅するものの両方を、自分自身と世界の繁栄のために必要とされる方法で探究するのです。

次に神秘学の学徒は、音の世界に関する訓練を行わなくてはなりません。学徒は、生命を欠いた存在（落下する物体、鐘、楽器など）から生じる音と、生き物（動物や人間）が発する音声を区別します。鐘が鳴るのを聞くと、私たちは音を知覚し、この知覚と心地よさの感情を結びつけます。動物の叫び声を聞くと、私たちは、心地よさを感じるだけではなく、さらに音のなかで、快感や苦痛といった動物の内面的な体験が表現されているのを感じ取ります。

神秘学の学徒は、このような生き物が発する音声に耳を傾けることから訓練を始めます。学徒は、「私が耳にしている声は、私の魂の外に存在する事象について告げている」ということにすべての注意を注ぎます。そしてこのような自分と関わらない事象のなかに深く入り込みます。学徒は、心をこめて、自分自身の感情と、音声をとおして告げられる苦痛や快感を結びつけます。学徒は、「その音は私にとって何なのか」、「その音は私にとって心地よいのか、不快なのか」、「その音は、気持ちよいのか、耳ざわりなのか」といったことを超越した境地に身を置かなくてはなりません。学徒の魂のなかには、音声を発する存在のなかで生じていることのみが存在しなくてはなりません。一定の計画に沿って、十分に配慮しながら、この訓練を行うことによって、学徒は、音声を発する存在と一体になる能力を身につけます。音楽的な感覚を備えた人は、音楽的な感覚に乏しい人よりも容易に、このような感情を育てることができるかもしれませんが、それでも、音楽的な感覚を育成すればこのような訓練をしないですむ、などとは考えないで下さい。私たちは神秘学の学徒として、ここで述べているような訓練をとおして、自然全体に対して感覚を働かせることを学ばなくてはならないのです。

このような訓練をとおして、私たちの感情と思考の世界のなかに新しい素質が生まれます。自然全体は、音を鳴り響かせることによって、私たちに秘密をささやき始めます。そのとき、いままでは私たちの魂にとって理解できない響きでしかなかった音が、意味に満ちあふれた自然の言語となります。以前には私たちは、生命を欠いた存在から発する響きのなかに物質的な音しか聞くことはできませんでしたが、いまでは私たちはこのような音のなかに、新たな魂の言語を聞き取るようになります。このような感情の育成において前進すると、私たちはまもなく、以前は予想もしていなかったものを聞くことができるようになったことに気づきます。私たちは魂で聞き始めるのです。

さらに私たちは、このような領域における最高の境地に到達するために、別の訓練を行わなくてはなりません。

神秘学の学徒の訓練においては、ほかの人の話にどのように耳を傾けるか、ということがとくに重要な意味をもっています。学徒は、人の話を聞くときに、自己の内面を完全に沈黙させる習慣を身につけなくてはなりません。たとえば通常の場合には、ある人が意見を述べるのを聞くと、聞いている人の内面には、さまざまな同意や反論が湧き上がってきます。このとき、多くの人は、すぐに賛成や反対の意見を述べたいという衝動を感じます。しかし神秘学の学徒は、賛成や反対の意見をすべて沈黙させなくてはなりません。もちろん、学徒はそれまでの生活方針をいきなり変えて、徹底した内面の沈黙をたえず守り続ける必要はありません。学徒は、自分で意図的に選び取った個々の機会に、このような訓練を実行することから始めるのがよいでしょう。訓練を続けるうちに、学徒はゆっくりと、少しずつ、このような新しい方法で人の話に耳を傾ける習慣を自然に身につけることができるようになります。

神秘学においては、このような訓練は一定の計画に沿って行われます。神秘学の学徒は、さまざまな機会に、自分とは正反対の意見に耳を傾け、そのときあらゆる賛成意見や、とりわけあらゆる否定的な判断を、完全に沈黙させる訓練を自分に課します。この場合、あらゆる悟性的な判断だけではなく、不快感や、拒絶したいという気持ちや、さらには同意したいという気持ちまでも、すべて沈黙させることが大切です。とくに神秘学の学徒は、「これらの感情は、魂の表面的な部分には存在していないとしても、私の魂のもっとも奥深い部分に潜んでいるのではないだろうか」と、たえず注意深く、自分自身を観察しなくてはなりません。たとえばある観点から見ると自分よりもはるかに程度が低いと思われるような人の意見を聞くときにも、「私のほうが、よくわかっている」とか、「私のほうが、すぐれている」といった感情を、すべて押さえるようにしなくてはなりません。

このような態度で、子どもが話す言葉に耳を傾けるのは、すべての人に有益な結果をもたらします。すぐれた賢者ですら、子どもたちから、はかりしれないほど多くのことを学ぶことができるのです。

この訓練を続けるうちに、私たちは、自分自身の人格や、自分自身の意見や感情をすべて排除して、完全に無私の態度で相手の言葉に耳を傾けることができるようになります。相手が自分とはまったく正反対の意見を述べたり、「きわめて誤った」事柄を語ったりするときですら、批判的な考えを抱かないで、静かに耳を傾ける訓練をすると、私たちは少しずつ、自分以外の人間の本質と完全に一体になり、そのなかに入り込むことができるようになります。私たちは、言葉に耳を傾けることをとおして、自分以外の人間の魂のなかに入っていきます。このような訓練を続けることで、初めて音声が、魂と霊を知覚するのにふさわしい手段になります。もちろんそのためには、私たちはきびしく自分を鍛えようとする態度を保持しなくてはなりません。このような自分を鍛えようとする態度をとおして、私たちは高い目標に到達します。

この訓練を、先に述べた自然の音に耳を傾ける訓練とあわせて行うと、私たちの魂のなかで、新しい聴覚が成長し始めます。私たちの魂は、物質体の一部である耳をとおして知覚する外界の音のなかに現れることのない、霊的な世界からの知らせを聞き取ることができるようになります。このようにして「内面の言葉」の知覚が成長していきます。神秘学の学徒に対して、じょじょに霊的な世界のなかから、真理が明かされるようになります。学徒は、霊的な方法で、自分に向かって語りかけてくる言葉に耳を傾けます。*原註2

私たちは、このような「内面の語りかけ」をとおして、あらゆる高次の真理に到達することができます。私たちが真の神秘学の探究者の口から聞く言葉を、探究者自身も、このような方法で聞き取ったのです。

「内面の語りかけ」を聞くことができるようになるまでは神秘学の文献を研究する必要はない、などとは考えないで下さい。事実はまったく正反対なのです。神秘学の文献を読んだり、神秘学の探究者の教えに耳を傾けることは、それ自体、私たちが自分自身で認識できるようになるための重要な手段です。私たちが耳にする神秘学の言葉の一つひとつは、魂が真の進歩を遂げるように私たちの感覚を導く性質を備えています。私たちは、すでに解説したようなすべての訓練を行うのとあわせて、神秘学の探究者が世界に対して語る事柄を熱心に研究しなくてはなりません。このような研究は、あらゆる神秘学の訓練のための準備として、必要不可欠です。神秘学の探究者たちの教えを受け入れないなら、それ以外のどのような手段をもちいても、私たちは目標に到達することはできません。このような教えは生きた「内面の言葉」から、「生きた語りかけ」から、汲み取られたものであり、それ自体、霊的な生命を備えています。それは単なる言葉ではありません。それは生きた力なのです。

あなたが神秘学的な事柄に精通している人の言葉に耳を傾けたり、真の内面的な経験から生み出された書物を読んだりするときには、自然の力が生きた素材のなかからあなたの目と耳を形成したように、霊視する能力を授けてくれる力があなたの魂のなかで活動するのです。

2 啓示

啓示の修業は、ごく簡単な訓練から始まります。啓示と関わる訓練においても、すべての人間のなかでまどろみながら目覚めさせられるのを待っている、特定の感情や思考を育てることが重要な意味をもちます。十分な忍耐力を保持しながら、厳密に、持続的に、この簡単な訓練を行う人だけが、内的な光を出現させることができるのです。

私たちは啓示の訓練を、特定の方法でさまざまな自然の存在（たとえば透明で美しい形態を備えた水晶などの鉱物や植物や動物など）を観察することから始めます。この訓練を行うとき、私たちはまず、以下に述べるような方法で鉱物と動物を比較することに、すべての注意を注がなくてはなりません。

このような思考は、生き生きとした感情を伴いながら、私たちの魂のなかに現れなくてはなりません。このとき、そのほかの思考や感情が混ざり込んでくることによって、私たちが集中的に行っている観察が邪魔されないようにします。すなわち私たちは、次のように考えるのです。

「鉱物には形態がある。動物にも、形態がある。鉱物は自分のいる場所に静かに留まっているが、動物は居場所を変える。動物は衝動（欲望）をとおして、居場所を変えるようにうながされる。動物の形態は、この衝動に仕えている。動物の器官（動物にとっての道具）は、この衝動に従って形成されている。それに対して、鉱物の形態は衝動によってではなく、衝動をもたない力によって形成されている*原註3」

集中的にこのような思考に没頭し、鋭い注意力を鉱物や動物に向けるとき、私たちの魂のなかに、二つのまったく異なった種類の感情が現れます。すなわち、鉱物からはある感情が、そして動物からは、それとは別の種類の感情が私たちの魂のなかに流れ込んでくるのです。おそらくこのような訓練は、最初のうちはうまくいかないでしょう。しかし本当に辛抱強く訓練を行ううちに、このような感情が少しずつ姿を現すようになります。私たちは、ただ繰り返し訓練を続けるだけでよいのです。最初のうちは、このような感情は、鉱物や動物を観察しているときにだけ生じますが、訓練を続けるうちに、この感情は観察を終えたあとでも作用するようになります。この感情は私たちの魂のなかに生き生きと留まり続けます。つまり私たちが外界に存在する事物を観察しなくても、ただ思考するだけで、この二つの感情は、たえず姿を現すようになるのです。

このような感情と、このような感情と結びついた思考のなかから、私たちが霊視するための器官が形成されていきます。

このような観察の対象にさらに植物を加えると、私たちは、「植物から流れ込んでくる感情は、その性質と程度において、鉱物と動物の中間に位置している」ということに気づきます。このようにして形成される器官が、霊的な目 Geistesaugen です。私たちは霊的な目をもちいて、少しずつ、魂的・霊的な意味における色彩を見ることを学んでいきます。

訓練する人が、「準備」の章で述べた事柄しか身につけていない段階では、線と図形からできている霊的な世界は暗い状態に留まっています。霊的な世界は、啓示をとおして、ようやく明るく照らし出されるのです。

本書でもちいられているそのほかの表現と同様に、「暗い」、「明るい」といった言葉は、筆者が本当に伝えようとしている事柄をおおまかにいい表しているにすぎない、ということを、ここでも強調しておかなくてはなりません。しかしながら日常的な言葉をもちいようとする場合には、私たちはこのように表現するしかありません。日常的な言葉は、本来、物質的な事柄をいい表すという目的だけのために生み出されたものなのです。

神秘学では、鉱物から私たちの霊視器官へ流れ込んでくるものは、「青色」もしくは「青みを帯びた赤色」と表現されます。私たちが動物から感じ取るものは、「赤色」または「赤みを帯びた黄色」です。このとき私たちが実際に目にしているのは、「霊的な種類」の色です。また、植物から生じる色は「緑色」です。この「緑色」は、次第に明るいエーテル的な淡紅色へと移行していきます。ある意味において、植物は高次の世界においても、物質的な世界に存在しているときと似た性質を備えている自然存在です。鉱物と動物には、このような特性は見られません。

よく理解していただきたいのは、ここで挙げたのは鉱物界や植物界や動物界でもっともよく見られる色彩のみである、という点です。実際には、すでに述べたような色彩のほかに、可能な限りのあらゆる中間段階の色彩があります。鉱物や植物や動物は、それぞれ特定の色彩のニュアンスを帯びています。またそのほかにも、けっして物質的に受肉することのない高次の世界の存在たちが、とてもすばらしい（あるいはぞっとするような）色あいをおびて現れることもよくあります。実際のところ、このような高次の世界の色彩は、物質的な世界の色彩に較べて、はるかに豊かなのです。

「霊的な目」をとおして霊視する能力を身につけると、私たちは、遅かれ早かれ、物質的な現実のなかにはけっして足を踏み入れることのない、人間よりも高次の存在者たちと（場合によっては、人間よりも低次の存在者たちと）出会うことになります。

このような段階までたどりつくと、私たちがさらに多くの事柄と出会う可能性が生じます。しかし、自分で多くの事柄を見る可能性が開かれたからといって、霊の探究者が語ったり、伝えたりすることに綿密な注意をはらわないで先に進むのは、おすすめできません。また、私がこれまで解説してきたような訓練に関しても、経験を積んだ指導者の助言を尊重するのが最上の方法です。そして、ここで述べているような啓示の初歩の段階まで訓練を続けるだけの力とねばり強さを備えていれば、私たちは正しい導き手を探し求めるうちに、実際にそれを見出すことができるでしょう。

どのような状況のもとにあっても、私たちがかならず注意をはらわなくてはならないことが一つあります。この注意を守るつもりがない人は、神秘学に足を踏み入れないようにするのが一番です。すなわち神秘学の学徒になる人は、あらゆる物質的な現実を敏感に感じ取る、崇高で善なる人間としての特性を、少しでも失ってはならないのです。その人は、このような特性を失わないように、神秘学の訓練を続けるあいだも、自分自身の道徳的な力や内面的な純粋さや観察能力をたえず高める努力をしなくてはなりません。

さらにもう一つ、つけ加えておきましょう。啓示の初歩的な訓練をするとき、神秘学の学徒は、人間や動物の世界に対する共感や、自然の美しさに対する感覚をたえず高めるように努めなくてはなりません。このような努力を怠ると、訓練をすることによって、かえって人間や動物への共感や自然に対する感覚が次第に鈍っていきます。私たちの心は硬くなり、感覚は鈍ります。そうなると、かならず危険な結果を招くことになるでしょう。

先の鉱物や植物や動物に関する訓練を、人間を観察する訓練にまで高めるとき、啓示はどのようにして生じるのか、また啓示を体験したあとで、訓練をする人の魂と霊的な世界はどのようにして結びつき、秘儀参入の段階につながっていくのか、という点に関しては、このあとの章で、可能な限り解説したいと思います。

現代では、神秘学への道を探し求めている人はたくさんいます。このような人びとは、さまざまな方法で神秘学に到る道を模索し、いかがわしくて危険な訓練に手を染めることもあります。ですから、神秘学の道について本当のことを知っている人は、正しい神秘学の訓練について学ぶ機会を人びとに提供しなくてはなりません。本書のここまでの記述において、私はこのような機会を人びとに提供しうる事柄だけを解説してきました。誤謬に陥ることで大きなダメージを受けないようにするためには、人びとは、本当のことをいくつか知っておかなくてはなりません。もちろん、霊視状態を強引に引き起こそうとしない限り、本書で解説されている訓練を実践したからといって、人びとが危険な状況に陥ることはありません。一つだけ、どうしても守っていただきたいことがあります。すなわち私たちは、いま自分が置かれている人生の立場と義務から判断して、自由に使うことが許される以上の時間と力を訓練にあてるべきではありません。神秘学の訓練の道をたどることによって、私たちが一瞬でも、ほんの少しでも、日常生活の状況を変化させるようなことがあってはなりません。本当の成果を期待するなら、私たちは忍耐を身につけなくてはなりません。数分間訓練を行ったら、私たちはそれをやめて、おだやかな気分で日常的な仕事にとりかかるようにします。訓練に関わる思考を、私たちの日常的な仕事のなかにいっさい紛れ込ませてはなりません。最高の意味において（そして最良の意味において）待つことを学ぼうとしない人は、神秘学の学徒となるには適していません。そのような人は、けっして価値のある成果に到達することはできないでしょう。

思考と感情の制御

前の章で解説した方法によって神秘学に到る道を歩むためには、私たちは、すべての訓練を行うのと平行して、たえず一つのことを考えることによって、自分自身を強めるように努めなくてはなりません。つまり私たちは、「期待しているような進歩がなかなか現れないとしても、しばらくすると、いつのまにかいちじるしい進歩を遂げていることもある」ということを、いつも念頭に置くようにするのです。このことを理解しない人は、容易に忍耐力を失い、すべての試みをすぐにやめてしまうことでしょう。

神秘学の訓練をする人が発達させなくてはならない力と能力は、初めのうちは、きわめて微妙なものです。そしてこのような力と能力の本質は、私たちが事前に抱いていたイメージとはまったく異なっています。いままで私たちは、物質的な世界のみと関わることに慣れていました。私たちの目も、概念も、霊的な世界や魂的な世界をとらえることはありませんでした。ですから内面において霊的・魂的な力が発達し始めたとしても、私たちがすぐにこの力に気づかないとしても、不思議はありません。

神秘学に精通している探究者の経験に従わないで、神秘学の小道を歩もうとすると、学徒はこの点に関して迷いに陥る可能性があります。神秘学の探究者は、学徒自身が意識するよりもずっと以前に、学徒の進歩に気づいています。神秘学の探究者は、学徒が自分で気づく前に、学徒のなかで繊細な霊的な目が育ち始めていることを知っています。ですから、学徒が自分自身の進歩を認識する前に、信頼と忍耐と持続力を失うことがないように、神秘学の探究者は指示を与えます。神秘学に精通している人は、当人のなかに（隠された方法で）すでに存在しているものだけを、学徒に与えることができるのです。神秘学に精通している人は、学徒のなかでまどろんでいる能力を発達させるような指導をすることしかできません。しかし神秘学に精通している人が自分自身の経験に基づいて伝える指示は、闇から光へと向かう決心をした学徒にとっては、一つの支えとなることでしょう。

　多くの人びとが、神秘学の小道に足を踏み入れてから、進歩が早く現れないという理由で、すぐにこの小道を去っていきます。また最初の高次の経験が現れ、自分自身、それに気づいたにもかかわらず、学徒がそれを幻覚と見なしてしまうこともよくあります。学徒は、自分が体験すべき事柄について、それまでまったく別のイメージを抱いていたのです。学徒は、自分が最初に経験した事柄には価値がないと考えて、勇気を失ってしまいます。学徒は、最初の経験があまりにも地味なもののように思われるので、近い将来、それが何らかの重要な体験につながるとは信じられないのです。しかし神秘学へ到る道において、学徒は勇気と自信という二つの光をけっして消してはならないのです。何度も失敗に終わったように思われる訓練を、あえて繰り返し繰り返し、辛抱強く続けない限り、学徒は神秘学の訓練において成果を上げることはできません。

自分自身の進歩にはっきり気づくよりもずっと以前に、神秘学の学徒のなかに、「私は正しい道の上にいる」というおぼろげな感情が現れます。学徒は、このような感情を大切に育てなくてはなりません。というのも、このような感情が確実な導き手となるからです。この場合、とくに、「高次の認識に到達するためには、まったく特別の、秘められた訓練が必要である」という思い込みを捨て去ることが大切です。神秘学の学徒は、「神秘学の訓練の基礎になるのは、人間が生活するときにいつも働かせている、感情と思考である。人間は、このような感情と思考を、通常とは別の方向に向けるだけでよい」ということをはっきりと認識します。すべての学徒は、まず最初に、「私自身の感情と思考の世界のなかに、最高の秘密が隠されている。私はいままでは、これらの秘密に気づいていなかっただけなのである」と考えなくてはなりません。重要なのは、「人間はいつも、体と魂と霊をともなって活動している。しかし人間が明確に意識しているのは、自分の体だけであり、自分の魂や霊は意識していない」という点です。神秘学の学徒は、通常の人間が自分の体を意識するのと同じように、魂や霊を意識するようになるのです。

ですから神秘学の訓練においては、まず学徒が感情と思考を正しい方向に導くことが重要な意味をもちます。そしてそのあとで学徒は、日常生活において目に見えないものに対する知覚を発達させていくのです。

ここでは、「そのような訓練をどのように行えばよいのか」という方法の一つについて解説しておきましょう。それは、これまで述べてきたほとんどの訓練と同様に、シンプルなものです。しかし学徒が辛抱強くこの訓練を行い、心をこめてそれに没頭するならば、非常に大きな効果が生み出されるはずです。

植物の小さな種を、目の前に置いて下さい。この訓練の要点は、このような目立たない事物を前にして、正しい思考を集中的に作り上げ、この思考をとおしてある特定の感情を育てるところにあります。まず自分が実際に目で見ている種を、はっきり認識して下さい。種の形や、色や、そのほかの特徴を、心のなかで描写してみて下さい。それから、地面に植えると、この種から複雑な形をした植物が現れる、と考えるのです。この植物の姿を、ありありとイメージしてみましょう。想像力のなかで、植物を作り上げてみましょう。そして以下のように思考します。

「将来、大地と光の力は、いま私が想像して思い浮かべているものを、実際に種のなかから呼び起す。たとえば私の目の前に、人工的に作られた種があるとする。それは実物そっくりに作られているため、私の目は本物の種と区別することができないかもしれない。しかし大地と光の力は、この作り物の種から植物を呼び起こすことはできないのである」

このような思考を明確に作り上げ、この思考を内面的に体験するとき、私たちは正しい感情を抱きながら、さらに次のように思考することもできるはずです。

「植物の種のなかには、将来種から成長してくるものが、すでに隠された形で（植物全体の力として）存在している。人工的に本物そっくりに作られた種のなかには、この力は存在していない。しかし私の目には本物の種も、人工の種も、同じように見える。つまり本物の種には、それをまねて作られた人工の種のなかには存在していない何かが、目に見えない形で含まれているのである」

では、このような目に見えないものに感情と思考を向けてみて下さい。*原註4 そして次のように考えて下さい。

「このような目に見えないものは、将来目に見える植物に変化する。そのとき私は目の前に、その形と色を見ることになるだろう」

そして、次のような思考のなかに没頭して下さい。

「目に見えないものが目に見えるものになる。もし私が思考することができないならば、将来目に見えるようになるものが、このように予感となって現れることはないだろう」

学徒はこのとき思考する内容を、同時に集中的に感じなくてはならない、という点を、とくに強調しておく必要があります。学徒は平静さを保ちながら、妨害するように作用するそのほかの思考をいっさい紛れ込ませないで、このような思考のみを自分自身のなかで体験しなくてはなりません。そして、この思考と、それと結びつく感情が魂のなかに入り込んでくるまで、十分に時間をかける必要があります。

この訓練を正しい方法で行うと、しばらくしてから（場合によっては、それは何度も試みたあとのことになりますが）、学徒は自分自身のなかにある力を感じるようになります。この力は、新たに霊視する能力を生み出します。そのとき種は、小さな光の雲によって包み込まれているような姿を現します。学徒は感覚的に、霊的に、一種の炎を感じ取ります。この炎の中心部に注意を向けるときには、淡い紫色の色彩を見るときと同じような印象を受けます。炎の縁《ふち》に注意を向けるときには、青みがかった色を前にしたときと同じような感じを覚えます。

このとき、学徒がそれまで見ることができなかったもの（すなわち自分自身のなかに呼び起こした思考と感情の力によって生み出したもの）が、姿を現すのです。ここに、それまで感覚的に見ることができなかったものが（つまり将来ようやく目に見えるものになる植物が）、霊的に、視覚的に、みずからを開示するのです。

多くの人びとが、ここで述べられているような事柄はすべて幻覚である、と考えるとしても、それは十分に理解できることです。人びとは、「このような幻影や幻覚が、私にとって何の意味があるのか」という疑問を抱き、訓練をやめて、神秘学の小道から離れていくことでしょう。

私たちが進歩するかしないかの境目となるこの困難な地点において、何よりも大切なのは、幻想と霊的な現実を取り違えないようにすることです。そしてさらに、勇気をもつこと、前進すること、恐れたり臆病になったりしないことが重要な意味をもちます。そして別の点においては、私たちは真実と虚偽を見分ける健全な感覚をつねに育てなくてはならない、ということを強調しておかなければなりません。

このような訓練を行うときには、私たちは自分自身を完全に意識的に支配するように努めなくてはなりません。この場合、私たちは、日常生活の事物や事象について考えるときと同じくらい、確実に思考しなくてはならないのです。私たちが夢想にはまり込むのは、よくないことです。私たちは、どのような瞬間においても、（「しらふ」という表現が適切かどうかはわかりませんが）明晰な悟性を保持していなくてはなりません。このような訓練を行うことによって均衡を失い、日常的な事柄に対して、それまでのように健全で明確に思考することができなくなるとしたら、私たちは大きな間違いをおかしていることになります。ですから神秘学の学徒である私たちは、自分がバランスを失っていないか、現在の生活状況のなかでずっと同じ人間であり続けているか、たえずチェックしなくてはなりません。私たちは、自己の内面においてしっかりと平静さを保ち、あらゆることに対してはっきりとした感覚を保持するようにします。そしてもちろん私たちは、「好き勝手な夢想に身をゆだねてはならない」、「手あたり次第にあらゆる霊的な訓練を試みてはならない」といった規則を厳密に守らなくてはなりません。

このように思考を一定の方向に向ける訓練は、太古の昔から神秘学の修業において試みられ、実践されてきました。私はここで、そのような太古の昔から実践されてきた、思考を一定の方向に向ける訓練のみを紹介しています。自分で好きなように訓練方法を考案したり、どこかで聞いたり読んだりした、そのほかの訓練方法に手を出そうとする人は、かならず迷いに陥ることになります。その人は、たちまちのうちに、はてしない幻想の小道にはまり込むことになるでしょう。

この訓練に続いて、私たちはさらに、次のような訓練を行います。

私たちは十分に成長した植物と向きあいます。そして、いつかこの植物が枯れるときがやってくるだろう、と考えるのです。植物が枯れたら、私がいま目で見ているものは、何一つ残りません。しかしそのときには、この植物はそれ自身のなかから、将来新しい植物になる種子を生み出していることでしょう。私は、ここでふたたび、「私が見ているもののなかには、私が見ることができないものが隠されている」という事実に気がつきます。

　私は、色彩豊かなこの植物の形態はいずれ存在しなくなるだろう、という思考に没頭します。しかし、この植物が種子を作り出すというイメージは、この植物が無へと消え去ることがないことを私に教えてくれます。かつての私が、種子のなかにひそんでいる植物を目で見ることができなかったのと同じように、私は、目の前の植物が消え去る前に植物の種《しゅ》そのものが消滅しないように作用するものを目で見ることはできません。つまり植物のなかには、私が目で見ることができない何かが存在しているのです。私がこのような思考を自分自身のなかで生き生きとしたものにし、内面において、それにふさわしい感情をこの思考と結びつけるとき、必要な時間が経過したあとで、新しい直観となる力が私の魂のなかで育ってきます。

　この場合にも、植物のなかから一種の霊的な炎が成長してきます。もちろんこの炎は、観察する対象に対応して、すでに述べたような種子の炎よりも大きなものになります。炎の内部は緑色に近い青色に、外側の縁は黄色味を帯びた赤色に感じられます。

　ここで、次のような点をはっきりと強調しておかなくてはなりません。すなわち私たちは、ここで「色彩」として表現しているものを、物質体の目が色彩をとらえるときと同じように見るわけではありません。このとき、私たちは霊的な知覚をとおして、物質的な色彩の印象と似かよったものを感じ取るのです。霊的に「青い」と知覚する、ということは、物質体の目をとおして「青」という色を眺めるときに私たちが受ける感じと似かよったものを感知したり、感じ取ったりすることを意味します。少しずつ、現実に即して霊的な知覚へと上昇しようとする人は、このことをよくわきまえておかなくてはなりません。そうしないとその人は、霊的なもののなかで物質的な現象が繰り返されることだけを期待するようになります。そうなると、その人はとても苦しい迷いのなかにはまり込むことになるでしょう。

　こうした事象を霊的に見ることができるようになると、私たちはすでに多くのものを獲得したことになります。というのも事物は、私たちの前に、現在の存在だけではなく、その生成と消滅も開示するようになるからです。私たちはいたるところに、感覚的な目をとおしては知覚することのできない霊を見るようになります。そしてそれとともに私たちは、じょじょに自分自身の直観をとおして、誕生と死の秘密の内奥に到達するための最初の数歩を歩み始めたことになります。

　私たちが物質体の感覚をもちいて外界を観察するとき、ある存在は誕生とともに生まれ、死とともに消滅します。しかしそのように感じられるのは、私たちは物質体の感覚をとおして、存在の隠された霊を知覚することができないからにすぎません。つぼみから花が咲き出す、という過程が感覚的な目の前で展開される一つの変化であるのと同じように、霊にとっては、誕生と死は一つの変化にすぎません。この事実を自分自身の直観をとおして確認するためには、私たちはすでに述べたような方法で、必要とされる霊的な感覚を目覚めさせなくてはならないのです。

ここで、すでに魂的な（サイキックな）経験をしたことのある人が異論を唱えることがないように、次のようなことを述べておきたいと思います。

事実、私がここで紹介している訓練のほかにも、もっとてっとり早くて簡単な訓練方法があり、なかには、本書で述べられているような訓練を体験しないうちに、自分自身の直観に基づいて誕生と死の現象をとらえる人もいます。高度なサイキックな素質をもともと備えている人は、ほんの少し刺激を受けるだけで発達を遂げることもあります。しかしあくまでも、それは例外的なケースです。私がここで紹介しているのは、普遍的で確実な道です。たとえば私たちは例外的な方法をとおして、若干の化学的な知識を得ることはできます。しかし本当に化学者になろうと思うなら、私たちは普遍的で確実な道を歩まなくてはならないのです。

ここで私たちが、「もっと楽な方法で目標に到達するために、先に述べられた種子や植物を単に思い浮かべ、想像力をとおしてイメージするだけでかまわない」と考えるならば、大きな誤謬が生じることになります。もちろんなかには種子や植物をただイメージするだけで目標に到達できる人もいるかもしれませんが、そのような人は先に紹介した訓練のような、確実な道を歩んではいません。その人が直観しているのは、ほとんどの場合、想像力によって生み出された幻影です。その人は、想像力が霊的な直観に変わるまで待たなくてはなりません。このような訓練においては、私がただ自分の好きなように直観を生み出す、ということよりも、現実が直観を私のなかに生み出す、ということのほうが重要なのです。真実は、私自身の魂の深みからわきあがってこなくてはなりません。私の日常的な自我が、真理を誘い出す魔法使いになることは許されません。私がその霊的な真理を直観しようとしている存在そのものが、真理を誘い出す魔法使いにならなくてはならないのです。

このような訓練をとおして霊的な直観の最初の段階に到達したら、次に私たちは、人間そのものの観察に取り組むことが許されるようになります。この場合、私たちは、最初は人間の日常生活に見られる単純な現象を訓練の対象として選びます。

実際の訓練にとりかかる前に、私たちは真剣に、自分自身の道徳的な性格を完全に純粋なものに変えるように努めなくてはなりません。訓練をするにあたって、私たちは、「私はこの訓練をとおして獲得する認識を、個人的な利益のために使用したい」という考えを完全に捨て去るようにします。訓練に取り組む私たちは、「私は魂の状態を観察しようとする人間に対して、けっして悪しき力をもちいない」と自分に誓わなくてはなりません。ですから、人間の本質に関する秘密をみずからの直観をとおして探ろうとするとき、私たちは真の神秘学の黄金律に従わなくてはなりません。その黄金律とは、次のようなものです。

神秘学の真理の認識において一歩前進しようとするときには、あなたは同時に、みずからの性格を完全なものにするように努めながら、善に向けて三歩前進しなさい。

この黄金律に従う人だけが、私がこれから述べる訓練に取り組むことが許されるのです。

ある人が何かを欲しがっている様子を観察したときのことを、思い浮かべてみて下さい。そして、その人の欲望に注意を向けて下さい。とても激しい欲望を抱いているのに、その人が欲しいものを手に入れられるかどうかはまったくわからないときのことを、記憶のなかに呼び起こすのがよいでしょう。

では次に、いま記憶をとおして観察している対象のイメージに完全に身をゆだねて下さい。自分自身の魂を、可能な限りもっとも内面的に平静な状態に保って下さい。いま自分のまわりで生じている、そのほかのあらゆる事柄を、できる限り見たり、聞いたりしないようにして下さい。そしてとくに、記憶をとおして呼び起こされたイメージをとおして魂のなかに一つの感情が目覚めるように、心を配って下さい。つまりまったく何もない地平線に雲が姿を現すように、この感情を自分自身のなかに出現させるようにするのです。当然のことながら、私たちが対象となる人物に注意を向けたとき、欲望と結びついた魂の状態を観察した時間が十分でないと、この訓練は頓挫してしまいます。私たちは、おそらく幾度となく、試みては失敗することを繰り返すことになるでしょう。

忍耐を失ってはなりません。何度も試みたあとで、訓練をする私たちは、ようやく観察している人間の魂の状態に対応する、ある感情を自分自身のなかで体験することができるようになります。するとさらにしばらくたってから、私たちは、この感情をとおして自分自身の魂のなかにある力が目覚め、この力がほかの人間の魂の状態に関する霊的な直観へと変化することに気づきます。私たちの霊的な視野のなかに、輝くように感じられるイメージが現れます。このような霊的に輝くイメージは、私たちが観察している欲望という魂的な状態が、アストラル的な意味において受肉したものです。ここでも、「このようなイメージは炎のように感じられる」と表現することができます。この炎のようなイメージの中心は黄色がかった赤色に、縁のほうは赤みを帯びた青色または薄紫色に感じられます。

このような霊的な直観を繊細に取り扱うことが、きわめて大切です。最初のうちは(もし師がいれば)、師以外の人には、このような霊的な直観について話さないのがよいでしょう。なぜならこのような現象を未熟な言葉で表現しようとすると、たいていの場合、私たちは自分で幻想を作り上げることになるからです。このとき私たちは日常的な言葉でいい表そうとしますが、日常的な言葉は、もともと霊的な事象について語るために生み出されたものではないため、このような事象について表現するにはあまりにも粗野でぎこちないのです。訓練をする私たちは、つい誘惑に負けて、このような霊的な事象を言葉で表現し、真の直観のなかにさまざまな空想上の幻影を紛れ込ませてしまいます。ここでもまた、神秘学の学徒は重要な法則に従わなくてはなりません。

あなたが霊的に見たものについて沈黙することができるようになりなさい。

いいや、それどころか、あなたは自分自身に対しても、霊的に直観したものについて沈黙を守らなくてはならないのです。あなたが霊のなかで霊視した事柄を言葉で表現したり、これらの事柄について未熟な悟性をもとに考えたりしないで下さい。あなたはとらわれない態度で、自分自身の霊的な直観に身をゆだねればよいのです。あれこれ考えることで、この霊的な直観を妨げないようにして下さい。いまのところ、あなたの思考は直観に太刀打ちできるほど成熟していない、ということを、よく知っておかなくてはなりません。あなたはこのような思考を、いままでの物質的・感覚的な世界に限定された人生のなかで身につけてきました。しかしあなたがいま獲得するものは、このような思考を超越しています。あなたがいままで古いもののために使ったものさしを、そのまま、新しい高次のものにあてないで下さい。内面的な経験をいくらかでも確実に観察できるようになったときにのみ、ようやく私たちは、霊的な発達をめざす友人のために必要な助言をするという目的のために、これらの内面的な経験について言葉で語ることが許されるのです。

　私たちは以上のような訓練に、さらに補足的な訓練をつけ加えることもできます。すなわち先の訓練と同じような方法で、ある人の願望がかなえられ、期待していた事柄が実現したときの様子を、記憶をもとに観察するのです。先の訓練に関連して述べたのと同じ規則と注意を守るならば、学徒はこのような訓練によっても、霊的な直観にたどりつくことができます。この場合、学徒は中心が黄色に、縁が緑色に感じられる、霊的な炎の形態を認めるはずです。

　まわりの人間を観察するようになると、訓練をする私たちは、ある道徳的な過ちに陥りやすくなります。つまり私たちは、愛を失ってしまうのです。そうならないようにするためには、私たちは考えられる限りのあらゆる手段をもちいるように努める必要があります。周囲の人間を観察するとき、私たちは、思考は現実的な事象である、という確信を抱くことができるようなレベルに到達していなくてはなりません。私たちの思考の営みが、人間の尊厳と人間の自由を最高度に尊重する態度と調和しない限り、私たちがまわりの人間について思考することは許されないのです。私たちは一瞬でも、「私にとって一人の人間は単なる観察の対象でしかない」といった思考に身をゆだねてはなりません。私たちは、人間の本質に関する秘められた事柄を観察するだけではなく、一人ひとりの人間が自分自身を大切に思う気持ちを無条件に尊重するように（そして思考と感情に関しても、人間のなかに隠されているものを神聖でおかすことができないものと見なすように）、自分自身を教育しなければなりません。記憶をよりどころとして思考するときも、私たちは、あらゆる人間的なものに対する神聖な畏怖の感情によって満たされていなくてはなりません。

ここでは、さしあたり二つの例をもとに、人間の本質に関する啓示にたどりつく方法について解説しました。この二つの例をとおして、少なくとも、私たちが歩むべき道を示すことはできたはずです。このような観察を行うのに必要とされる内面の平静と静けさを身につけるならば、すでにそれだけで、私たちの魂は大きな変化を体験します。私たちが自己の本質において体験する内面的な豊かさによって、まもなく、私たちの外に現れるふるまいも確実で落ち着いたものになります。そして外に現れる態度が変化することによって、私たちの魂そのものも変化していきます。このようにして私たちは、その後は自分で自分の手助けができるようになります。私たちは、物質体の感覚に対して隠されているものを、さらに人間の本性のなかから発見する手段と方法を見出します。それから私たちは、人間の本性と宇宙のなかに存在するあらゆるものとの秘密に満ちたつながりを洞察できる段階まで成熟するのです。このような道をたどるうちに、私たちが秘儀参入の最初の段階に到達するときがしだいに近づいてきます。しかしその前に、私たちはさらにもう一つの事柄をかならず習得しておかなくてはなりません。初めのうち神秘学の学徒は、なぜそれがかならず必要なのか、理解できないかもしれませんが、あとになれば、そのわけを自分で理解することができるようになります。

秘儀参入をする人は、勇気と大胆さを十分に発達させた上で、それを自分のものにしておかなくてはなりません。神秘学の学徒は、これらの徳性を育成する機会を探す必要があります。神秘学の訓練において、学徒はこれらの徳性を完全に計画的に育成するようにします。とくにこの点に関しては、人生そのものも、よい神秘学の学校であるといえます。いや、もしかすると、人生こそ最良の神秘学の学校なのかもしれません。神秘学の学徒は、平静さを保ったまま危険を直視したり、こわがらないで困難を克服したりすることができなくてはなりません。たとえば危険と向きあったときには、学徒はすぐに、次のような感情を抱くようにします。「あらゆる観点から見て、私が不安を抱いても、何の役にも立たない。私はいっさい不安を抱いてはならない。私は、自分は何をするべきなのか、ということだけを考えなくてはならない」

そして学徒は、以前だったら不安を抱いたような事態に直面しても、（少なくとも本当の意味における奥深い感情においては）「恐れたり」、「臆病になったり」することがないような境地に到達しなくてはなりません。このようにして自分自身を教育することによって、私たちは、秘儀参入の段階で高次の秘密を伝授されるときに必要とされる特定の力を、少しずつ自分自身のなかで育てていきます。人間の物質体が、物質的な感覚を使うために神経の力を必要とするのと同じように、人間の魂は、恐れを抱かない、勇気にあふれた性質のなかでのみ発達する力を、必要とするのです。

高次の秘密のなかに足を踏み入れるとき、私たちは、物質体の感覚によって生み出される幻影《マーヤー》をとおして、通常の人間には隠されている事物を見ることになります。通常の場合、物質体の感覚は高次の真理を私たちに見せないように作用します。まさにそのことによって、物質体の感覚は私たちに恩恵を与えてくれているのです。まだ必要な準備ができていないうちは、私たちを極度に驚かせるような事柄や、私たちが見ることに耐えられないような事柄は、物質体の感覚によって私たちの目から覆い隠されています。神秘学の学徒は、このような事柄を直視する力を身につけなくてはなりません。これまで学徒は、幻影に目をくらまされていたからこそ、外界のなかにしっかりとしたよりどころを見出すことができましたが、いまでは高次の真理を見ることによって、かえって学徒は外界のよりどころを失ってしまいます。それは文字どおり、自分がずっと危険な状態に置かれていたことにまったく気づかなかった人が、初めて危険を認識するのと同じなのです。それまで学徒は自分が置かれている危険な状態については、何も知りませんでした。しかし自分が危険な状態に置かれていることを知ったいまは、そのことを知ったからといって危険が増大したわけではないのに、急に不安に襲われてしまうのです。

世界のなかで働く力は、破壊的な性質と建設的な性質の両方を備えています。そのため物質的な外界のなかに姿を現す存在は、発生し、消滅するように運命づけられています。霊的な真理を知る人は、このような力の働きや運命の経過に、目を向けなくてはなりません。霊的な真理を知る人は、日常生活において霊的なまなざしの前にかけられているヴェールを取り去らなくてはなりません。人間自身はこのような力や運命と結びついています。人間の本質のなかには、破壊的な力と建設的な力がともに存在しているのです。

真理を知る人の霊的な目の前には、事物がヴェールを取られた姿を現すだけではなく、自分自身の魂そのものも、ありのままの姿を現します。神秘学の学徒は、このようにして自己を認識しても、必要な力を失わないようにしなくてはなりません。このような力をあり余るほどもつ場合にのみ、学徒は自己を認識しても力を失わなくなります。そのためには、学徒は、どんなに困難な人生の状況に置かれても、内面の平静とゆるぎなさを保持することを学ばなくてはなりません。学徒は自分自身のなかに、存在の善なる力に対する強い信頼の気持ちを育てます。学徒は、いままで自分を行動へと駆り立ててきたものから自由になることをめざします。学徒は、「無知であったために、私はいままでに多くのことを行ったり、考えたりしてきた」ということを理解します。学徒は、いままでのような動機に駆られて行動することはなくなります。学徒はこれまで、虚栄心に駆られて多くのことを行いました。しかしいま、学徒は、真理を知る者にとってはどのような虚栄心も価値がない、ということを知ります。いままで学徒は貪欲さに駆られて、いくつものことを行ってきました。しかしいま、学徒は、貪欲さはすべて破壊的に作用する、ということに気づきます。学徒は、行動と思考の新しい動機を育てていかなくてはなりません。そのために必要なのが、勇気と大胆さなのです。

とくに思考の営みのもっとも奥深い内面において、このような勇気と大胆さを育てることが大切です。神秘学の学徒は、失敗してもひるまないようにすることを学ばなくてはなりません。学徒は、次のように考えることができなくてはなりません。「また失敗してしまったが、もうこのことは忘れよう。そして何もなかったかのように、新たに試みることにしよう」

このような努力を続けた末に、学徒は、自分が汲み取る世界の力の泉は涸れることがない、ということを確信できるようになります。地上的なものは無力で弱いものである、ということがすでに何度も証明されたように思われるとしても、学徒は自分を高め、導いてくれる霊的なものを求めて、繰り返し努力します。学徒は、未来に向かって心を開きながら生き、このような努力を続けながら、過去のどのような経験にも心を乱されることがないように心がけます。

このような特性をある程度まで身につけると、ようやく学徒は、高次の知の鍵である、事物の本当の名称Nameを知る段階まで成熟します。世界の事物は神的な創造者のもとでそれぞれの名称をもっていますが、秘儀参入の本質は、世界の事物をこのような本当の名称で呼ぶことにあります。この名称のなかに、事物の秘密は含まれています。ですから秘儀参入者は、秘儀に参入していない人とは別の言語を語ることになります。秘儀参入者は存在物を、存在物そのものを生み出した名称で呼ぶのです。

秘儀参入（イニシエーション）については、語ることが許される限りのことを、次の章で解説することにします。

＊原註1――自己の内面に沈潜する穏やかな性質と結びついた芸術感覚は、霊的な能力を育てる最良の条件になる、ということを、ここでつけ加えておきます。私たちはこのような芸術感覚をとおして、事物の表面的な部分よりも深いところに入り、事物の秘密に到達することができます。

＊原註2――無私の態度で耳を傾ける訓練を行うことによって、個人的な考えや感情を働かせることなく、自己の内面をとおして静かに言葉を受け入れられるようになった人に対してのみ、神秘学でいうところの高次の存在者たちは語りかけることができます。私たちが、静かに耳を傾けるべき相手に対して、自分自身の思考や感情をぶつけている限りは、霊的な世界の存在者たちは沈黙し続けます。

＊原註3――ここで述べている事柄のうち、とくに鉱物（水晶）の観察は、表面的に（顕教的に）それを受け取った人びとによってさまざまな形で曲解され、たとえば「水晶のなかを霊視する」といった行為が生まれるもとになりました。このような行為は誤解に基づくものです。これに類する事柄は多くの本に書かれていますが、それが真の（秘教的な）神秘学の授業の対象となることはありません。

＊原註4――ここで、「顕微鏡を使ってより厳密に調べれば、人工の種を本物の種と区別できるのではありませんか」といって反論する人は、ここで私が述べていることの核心を理解していないことを示しているにすぎません。ここでは、厳密に感覚的な方法によって実際に何を見ることができるか、ということよりも、目で見るものをよりどころとして魂的・霊的な力を発達させることのほうが重要な意味をもっているのです。

▼秘儀参入

秘儀参入は神秘学の訓練における最高の段階です。書物のなかでは、秘儀参入に関して、一般の人びとでも理解できるようなおおまかな事柄しか、お伝えすることはできません。一般の人びとにとって、秘儀参入のさまざまな事柄に関する記述を理解するのは容易ではありませんが、準備と啓示と秘儀参入をとおして、低次の秘密まで足を踏み入れた人は皆、このような記述を理解するための道を見出すことになります。

秘儀参入しない人は、秘儀参入をとおして受け取ることができる知識と能力を、はるか遠い未来においてようやく（何度も受肉を繰り返したあとで）、まったく別の方法と状況をとおして身につけることになるでしょう。一方、いま秘儀参入する人は、秘儀参入しない場合には、ずっとあとになって、まったく別の状況のもとで経験することになる事柄を体験することになります。

私たちは存在の秘密について、私たち自身の現在の成熟の段階に相応した事柄だけを実際に体験することができます。だからこそ、知識と能力の高次の段階に到る道には、さまざまな障害が存在しているのです。それは、使用しても事故を引き起こさなくなるくらい十分な経験を積むまでは、私たちが銃をもちいることは許されないのと同じです。

たとえばある人は本来、未来に何度も受肉し、さまざまな経験を積んだ上で、ようやく正しい発達のプロセスに相応した秘密を受け取ることになっていました。ところがいま、秘儀参入してしまうと、その人は、必要な経験をしないままになります。ですからその人は、秘儀参入の門をくぐるにあたって、本来することになっていた経験を別の事柄によって補わなくてはなりません。そのため秘儀参入しようとする人に与えられる最初の指示の目的は、未来にするはずだった経験を別のものによって補うことにあります。それがいわゆる「試練Probe」です。秘儀参入を志す人は、試練を通過しなくてはなりません。秘儀参入しようとする人が、ここまで述べてきた、魂の営みと関わる訓練を正しく続けているならば、試練は一定の秩序に従って、いままでの訓練の続きとして課せられるのです。

　このような「試練」については、さまざまな書物のなかにも、しばしば記述されています。しかし一般に、このような書物は、試練の本質についてまったく誤ったイメージを伝えています。なぜならこれらの書物を書いた人びとは、実際には準備と啓示を通過したことがなく、試練について何も経験していないからです。このような人びとが、試練について事実に即した事柄を述べることはできません。

　秘儀参入しようとする人は、高次の世界に属する、ある種の存在や事実を体験しなくてはなりません。秘儀参入を志す人は、「準備」と「啓示」の章で解説した、姿や色彩や音などの霊的な知覚を感じ取るときにのみ、これらの存在や事実を見たり、聞いたりすることができるようになります。

　最初の「試練」では、秘儀参入しようとする人は、生命を欠いた物体の（さらに植物や動物や人間の）物質的な特性について、一般の人びとが知っていることよりも、より真実に近い直観Anschauungを獲得しなければなりません。ここで私がいう直観とは、現代の人間が学問的な知識と呼んでいるものをさしているわけではありません。というのも、ここで問題となっているのは学問ではなく、直観そのものだからです。

このような試練の過程において、秘儀参入を志す人は、自然の事物と生き物は霊的な耳と目に対してどのように姿を現すか、ということを認識します。ある方法をとおして、これらの事物はありのままの姿で（裸のまま）観察者の前に姿を現します。このとき私たちは、通常の感覚的な目と耳に対しては隠されている事物の特性を、霊的な耳や目をとおして聞いたり見たりします。このような事物の特性は、感覚的な直観に対しては、いわばヴェールで覆われているのです。「霊的に焼き尽くされるプロセス」と呼ばれる過程を通過することによって、このヴェールは秘儀参入しようとする人の前から取り去られます。そのためこの最初の試練は、「火の試練 Feuerprobe」と呼ばれています。

多くの人びとにとっては、程度の差はあっても、日常生活そのものがすでに無意識的なレベルにおいて、火の試練による秘儀参入の過程と同じような意味をもっています。このような人びとは日常生活において豊かな経験を積むことをとおして、自信や、勇気や、毅然とした態度を健全な形で強めています。また、苦しみが生じたり、期待していたことが思いどおりにいかなかったり、計画が頓挫したりしても、それを魂の偉大さや平静さや不屈の力で耐えることを学びます。このような経験をしてきた人びとは、たとえ当人はそのことをはっきり意識していないとしても、多くの場合、すでに秘儀参入者なのです。このような人びとが霊視者となるために霊的な耳と目を開くには、あとほんのわずかな訓練をするだけでよいのです。

ここで、秘儀参入しようとする人の好奇心を満たすことが真の「火の試練」の目的ではない、ということを確認しておきたいと思います。たしかに秘儀参入を志す人は、火の試練において、ほかの人がまったく知らないような、日常的なものを超越した事実と出会います。しかしこの場合、日常的なものを超越した事実について知ること自体は目的ではなく、目的に到達するための手段にすぎません。火の試練の真の目的は、秘儀参入しようとする人が高次の世界の認識をとおして、低次の世界で通常獲得されるものとは異なる、大きな自信や、高次の勇気や、魂の偉大さや、忍耐力を身につけることにあるのです。

「火の試練」を体験したあとで、秘儀参入を志す人が、通常の人生に戻っていくこともあります。この場合、その人は強められた体と魂をたずさえて今回の人生を生き、おそらく次に受肉するときに、秘儀参入の続きをすることになるでしょう。そして現在の人生においては、その人は、いままでよりも有用な、人間社会の一員となります。どのような状況にあっても、「火の試練」を通過したことによって、その人のなかの確固とした態度や、思慮深さや、ほかの人間に恵みを与えるような影響力や、決然とした態度が強められるのです。

通常の場合、「火の試練」を成し遂げたあとで、さらに神秘学の訓練を続けると、秘儀参入をしようとする人は、神秘学の修業と関わる文字の体系について教えを受けます。本当の神秘学の教えは、このような文字の体系をとおして明らかにされます。なぜなら事物のなかに実際に「隠されている」(隠秘学的okkultな)ものは、日常的な言語でもちいられている言葉で直接語ることも、日常的な文字の体系を使って書き記すこともできないからです。秘儀参入者から教えを受けた人は、できる限り、神秘学の教えを日常的な言語に翻訳します。隠秘学的な文字の秘密は、霊的な知覚を獲得したときに、人間の魂に明かされます。というのも霊的な世界では、隠秘学的な文字がつねに、書かれた状態で存在しているからです。私たちは、人間によって生み出された文字の読み方を習得するときと同じようには、隠秘学的な文字について学ぶことはできません。秘儀参入を志す人は、まず最初に、実際に霊視力に基づく認識ができる段階をめざして高まっていきます。そしてこのような発達を遂げるあいだに、ある特定の力が魂の能力として育ってきます。秘儀参入を志す人は、この力をとおして、霊的な世界の出来事や存在者を文字の形のように読み解きたい、という衝動を感じます。場合によっては、秘儀参入しようとする人の魂が進歩し、発達を遂げるうちに、このような力と、それと結びついた「試練」の体験が、ひとりでに現れることもあります。しかし隠秘学的な文字を読み解くのに精通した、経験を積んだ神秘学の探究者の指示に従うほうが、秘儀参入しようとする人は、より確実に目標に到達することができます。神秘文字の象徴は、人間が好き勝手に作り出したものではありません。それは、世界のなかで作用している力に対応しています。私たちは、神秘文字の象徴をとおして事物の言語を学びます。秘儀参入しようとする人は、すぐに、「私が学ぶ象徴文字は、準備と啓示の段階で知覚することを学んだ、図形や色や音などに対応している」ということに気づきます。秘儀参入しようとする人には、「これまでの準備と啓示の段階における知覚はすべて、単語を構成する文字を一つひとつ拾い読みするようなものであった」ということが明らかにされます。その人は、初めて高次の世界において「読む」ことを始めます。それまで一つひとつばらばらの図形や音や色にすぎなかったものが、すべて、大きなつながりのもとに姿を現します。ようやくその人は、本当の意味において、確実に高次の世界を観察するようになるのです。これまでその人は、「私は自分が見ているものを本当に霊視しているのか」ということを確実に知ることはできませんでした。しかしいまでは、高次の知識の領域において、秘儀参入を志す人と秘儀参入者は一定の秩序に従って意志疎通をすることができるようになります。というのも、日常生活において秘儀参入者がそのほかの人間とどのような共同生活を営んでいるとしても、秘儀参入者は高次の知識に関しては直接的な姿で、すでに述べたような象徴言語をとおしてのみ、何かを伝えることができるからです。

このような言語をとおして、神秘学の学徒は、人生におけるふるまい方の規則についても知るようになります。学徒はそれまでまったく知らなかった、ある種の義務について学びます。このようなふるまい方の規則について学んだとき、学徒は、秘儀参入をはたした人にとってのみ意味をもつような行為を行います。学徒は、高次の世界をよりどころとして行動するようになります。学徒は暗示的な象徴文字のなかにのみ、自分をこのような行動へと駆り立てる指示を読み取るのです。

ここで、神秘学の訓練を経験したことがないにもかかわらず、このような行為を無意識のうちに実行することができる人びとがいる、ということを強調しておきたいと思います。このような「世界と人類を助ける人びと」は、周囲に恵みを与え、よいことを行いながら人生を歩んでいきます。このような人びとは、ここで詳しく解説することのできない理由によって、超自然的なもののように思われる才能を受け取ったのです。神秘学の学徒がこのような人びとと異なっているのは、神秘学の学徒は意識的に全体のつながりを十分に認識しながら行動する、という点だけです。世界と人類を助ける人びとが、世界の幸福に役立つことができるように、高次の力から贈りものとして受け取ったものを、神秘学の学徒は訓練をとおして身につけます。私たちは、このような神によって恩恵を与えられた人びとを、心から尊敬することができます。しかしだからといって、私たちが神秘学の訓練に取り組む必要はない、と考えることは許されないのです。

すでに述べたような象徴文字を読むことを学び終えると、神秘学の学徒には、さらに新しい「試練」が課せられます。この試練をとおして、学徒は高次の世界において自由に確実に行動することができるか、ということが証明されなくてはなりません。日常生活では、私たちは外から与えられる衝動によって行動へと駆り立てられます。この場合、私たちが仕事をはたすのは、自分が置かれている状況がさまざまな義務を課すからにほかなりません。

ほとんどいう必要もないことかもしれませんが、高次の世界で生きているからといって、神秘学の学徒が日常生活における義務を怠ることは許されません。私たちは、高次の世界におけるどのような義務によっても、日常的な世界におけるたった一つの義務でも、おろそかにするように強制されることはありません。神秘学の学徒になるとき、私たちはいままでとまったく同じように、一家の父親ならばよい父親のままで、母親ならばよい母親のままでいます。役人や兵士やそのほかの人も、どのようなものによっても、日常的な義務をはたすことを妨げられることはありません。それどころか、ある人が神秘学の学徒になると、人生において人間を有能にするあらゆる特性が、秘儀参入していない人にはまったく理解できないレベルにまで、高められるのです。秘儀参入していない人が多くの場合、そのように思わないとしたら（あるいは、いつもそのようには思うわけではない、もしくは、めったにそのようには思わないとしたら）、その理由は、その人が秘儀参入者を正しくとらえていないからにほかなりません。秘儀参入者が行うことは、ほかの人には、すぐに理解することができません。すでに述べたように、ほかの人は、特別な場合にだけ、秘儀参入者が行うことに気がつくのです。

ここで述べているような秘儀参入の段階まで到達した人には、義務が生じます。この義務を遂行するように、その人が外からうながされることはまったくありません。その人は、外界の状況によってではなく、「隠された」言語において明らかにされる規則をとおしてのみ、この義務をはたすようにうながされます。その人は第二の「試練」を通過することによって、役人が課せられた義務を遂行するのと同じように、「隠された」言語において明らかにされる規則に導かれながら、確固とした態度で確実に行動することができることを証明して見せなくてはなりません。

秘儀参入しようとする人は、このような目的のために、神秘学の訓練をとおして自分が特定の課題に直面しているのを感じます。その人は、準備と啓示の段階で知覚した事柄に従って、ある行為を成し遂げなくてはなりません。その人は、自分が遂行すべき事柄を、すでに読み方を習得した神秘文字をとおして認識しなくてはなりません。みずからの義務を認識し、正しく行動すれば、その人は試練に合格したことになります。正しく行動すると、図形や色や音として感じられる、霊的な耳や目の知覚に変化が生じるので、その人は自分が試練に合格したことを知ります。神秘学の訓練の高度な段階においては、「正しく行動したあとで、このような図形や色や音がどのように見え、感じ取られるようになるか」ということが正確に伝えられます。秘儀参入をめざす人は、どうすれば自分はこのような変化を生み出すことができるのか、ということを知っておかなくてはならないのです。

このような試練は、「水の試練 Wasserprobe」と呼ばれています。なぜなら私たちは、底に足がとどかない水のなかで足がかりなしで動かなくてはならないのと同じように、このような高次の領域で活動するときに、外界の状況による支えを失うからです。

秘儀参入しようとする人は、確実に成し遂げることができるまで、このような過程を何度も繰り返さなくてはなりません。

今回の試練においても、秘儀参入しようとする人が、ある種の特性を獲得することが目標となります。高次の世界における経験をとおして、その人は短時間のあいだに、高いレベルまで、この特性を育て上げていきます。本来の進化の過程においては、このレベルまで到達するためには、人間は何度も地上に受肉しなくてはならないことになっているのです。

この場合重要なのは、次のような点です。秘儀参入しようとする人は、先に述べたような変化を高次の領域において生み出すために、高次の知覚をもとに隠された文字を読み解いたときに姿を現す事象に従うことだけが許されます。隠された言語によって明らかにされる義務に従って行動するときに、秘儀参入しようとする人が、少しでも自分自身の願望や考えを紛れ込ませるならば（ほんの一瞬でも、自分が正しいと認めた法則に従わないで、好き勝手な気持ちに従うならば）、本来起こるべきこととはまったく別の事象が生じることになります。この場合、秘儀参入しようとする人は、行動の目標をたちまち見失い、混乱に陥ることになるでしょう。

ですから秘儀参入しようとする人にとって、この試練は、自分自身を支配する能力を豊かに育成するのにふさわしい機会になります。そしてここでは、以下のようなことが重要な意味をもっています。

この試練においても、秘儀参入する以前から、実際の人生を生きることをとおして自分自身を支配する能力を育ててきた人は、容易にこの試練に合格することができます。個人的な気まぐれや好き勝手な気持ちにふりまわされないで高次の原則や理想に従う能力を身につけている人や、好みや共感が義務とは別の方向に向かおうとしているにもかかわらず、それでもなお義務をはたすことができる人は、無意識のうちにすでに通常の人生において秘儀参入者となっているのです。このような人が第二の試練に合格するためには、あとほんの少しのことだけが必要です。というよりも、むしろ、第二の試練に合格するためには、あらかじめ人生において秘儀参入の段階を無意識的に通過しておくことが絶対に必要である、というべきなのです。

子どもの頃に、正しい文字の書き方を学んでおかなかった人の多くは、おとなになってから、この遅れを取り戻すのに苦労します。それと同じように、あらかじめ日常生活のなかで、ある程度自分自身を支配する能力を身につけておかなかった人が、高次の世界を霊視する段階になってから、必要とされるレベルの自分自身を支配する能力を育成するのは容易なことではないのです。私たちがどのようなことを願ったり、欲しがったりするとしても（あるいはどのような好みを抱くとしても）、物質的な世界の事物が、その姿を変えることはありません。しかし高次の世界では、私たちの願望や欲求や好みは、事物そのものに作用を及ぼします。適切な方法で事物に働きかけるためには、私たちは自分自身を完全に支配することができなくてはなりません。私たちは正しい規則にのみ従うようにし、好き勝手な気持ちにふりまわされないようにしなくてはなりません。

このような秘儀の段階において、とくに重要な役割をはたす人間の特性は、健全で確実な判断力です。私たちは、秘儀参入のあらゆる初歩の段階において、このような判断力を育成するように心がける必要があります。そして今回の秘儀参入の段階では、秘儀参入しようとする人は真の認識の道を歩む資格をもつ人間にふさわしい方法で判断力をもちいることができるか、ということが証明されなくてはなりません。秘儀参入しようとする人は、幻想や、本質を欠いた空想的なイメージや、迷信や、あらゆる種類の幻影を、真の現実と区別することができるときにだけ、先に進むことができます。

初めのうちは、存在の高次の段階において真偽を区別するのは、低次の段階において真偽を見分けるよりも困難です。私たちは、自分が向きあっている事物に対する先入観や、自分の好みにあった思考はすべて消し去らなくてはなりません。この場合、原則となるのは真実だけなのです。私たちは、論理的な思考によってうながされるときには、ある種の思考や見解や好みを、すすんで捨て去ることができるような態度を身につけなくてはなりません。私たちは、自分自身の考えに固執しないときにのみ、高次の世界における確実な立脚点を獲得することができるのです。

空想や迷信に傾きがちな考え方をする人は、神秘学の小道において前進することはできません。神秘学に入門しようとする学徒は、価値のある宝物を手に入れることが求められます。学徒は、高次の世界に関する、あらゆる疑いを捨て去るとき、高次の世界は、学徒の前にその法則性を出現させます。しかし学徒は、幻覚や幻想に惑わされているあいだは、この宝物を獲得することはできません。空想や先入観が悟性と結びついて作用すると、学徒にとってよくない事態が生じます。迷信的な人間と同様に、夢想家や空想家は神秘学の小道を歩むには適していません。このようなすべての事柄に関しては、どんなに強調しても、強調しすぎるということはありません。なぜなら夢想や空想や迷信のなかには、高次の世界の認識に到ることを妨害する、もっとも悪い敵がひそんでいるからです。秘儀参入の第二の試練に到る門の上には、「あなたはあらゆる偏見を捨て去らなくてはなりません」という言葉が掲げられています。そして、すでに第一の試練に到る門の上には、「健全な人間の悟性を欠いていると、あなたのすべての歩みは無駄に終わります」という言葉を読み取ることができます。しかしだからといって、神秘学の学徒は人生の詩情や感激する能力を失ってしまう、と考える必要はないのです。

秘儀参入をめざす人が、さらに先に進んでいくと、そこには第三の「試練」が待ち受けています。この第三の試練においては、秘儀参入しようとする人に、目標は与えられません。すべては、秘儀参入をめざす人の手にゆだねられています。その人は、行動するきっかけを与えてくれるものが何もない状況に置かれます。その人はまったく一人で、自分自身をよりどころとして進む道を見出さなくてはなりません。どのような事物も、人間も、その人にある行動を取るようにうながすことはありません。当人以外のどのような事物も、人間も、その人が必要としている力を与えることはできないのです。この力を自分自身のなかに見出さない限り、その人はたちまち、前に立っていた地点にふたたび戻ることになります。しかしここでは、「ここまでの試練に合格した人のうち、この力を見出すことができない人はほんのわずかである」と述べておく必要があるでしょう。この第三の試練に合格しなかった少数の人だけが、この試練を受ける以前の段階に留まり続けることになります。今回の第三の試練では、秘儀参入を志す人は、自分自身のなかにすみやかによりどころを見出さなくてはなりません。なぜならその人は今回、言葉の真の意味において、自分自身の「高次の自己」を発見しなくてはならないからです。

秘儀参入しようとする人は、あらゆる事柄に関して、霊が伝えてくれることに耳を傾けながら、すばやく決断しなくてはなりません。この場合、じっくり考えたり、疑ったりする時間はありません。一瞬でもためらったら、それは、まだその人が成熟していないことの証明になります。霊に耳を傾けることを妨げるような事柄はすべて、思い切って克服しなくてはなりません。このような状況において、その人は、物事に迅速に対処する冷静沈着さを身につけていることを証明しなくてはならないのです。このような冷静沈着さこそ、秘儀参入を志す人が、この段階において完全に育成しなくてはならない特性なのです。その人は、以前から慣れ親しんできた行動を取りたいという誘惑を（さらには、以前から慣れ親しんできた考えを抱きたいという誘惑までも）すべて克服します。しかもこのとき、何もしないままでいることのないように、私たちは自分自身を失わないようにしなくてはなりません。なぜなら私たちは、自分自身のなかにだけ、支えになる確実な一点を見出すことができるからです。このような事柄を自分で体験したことがないまま、この箇所をお読みになっている方は、自分自身を頼りにするように指示されたからといって反感を抱かないで下さい。というのも、私たちにとって、この試練に合格することは、もっともすばらしい幸福を意味するからです。

そしてほかの場合と同じように、この第三の試練においても、多くの人びとにとって、日常生活がすでに神秘学の修業の場なのです。突然迫ってくる人生の課題と立ち向かわなくてはならないとき、ためらったり、迷ったりしないで、すみやかに決断することができるようになった人にとっては、人生そのものがこの訓練と同じような役割をはたしています。この訓練にもっとも適しているのは、迅速に対処しなければ、たちまち行動が失敗に終わる恐れがあるような状況にあえて身を置くことです。少しぐずぐずしているだけで、不幸な事態が生じることが予測されるときに、すみやかに行動する心がまえができている人や、迅速な決断力を変わることのないみずからの特性として身につけることができた人は、すでに無意識のうちに、第三の「試練」にふさわしい成熟のレベルに達しているといえます。というのも、この試練の目的は完全な冷静沈着さを育てることにあるからです。

このような試練は、神秘学の修業では「空気の試練 Luftprobe」と呼ばれています。なぜならこの試練を体験するとき、秘儀参入をめざす人は、外界からやってくるきっかけという確実な基盤や、準備と啓示の段階で体験した色彩や形態などから生じるものによって身を支えることができず、ただ自分自身だけを頼りにしなくてはならないからです。

この試練に合格すると、神秘学の学徒は「高次の認識の神殿 Tempel der höheren Erkenntnisse」に足を踏み入れることが許されます。

この点に関しては、ここではほんのわずかなことしか述べることはできません。

よくいわれるように、この段階において神秘学の学徒は神秘学の教えについて何も「もらさない」という「誓い」を立てなくてはなりません。ただしここでいう「誓い」や「もらす」といった表現は、かならずしも正確なものではないため、初めのうちは誤解を招く可能性があります。ここでは、言葉の通常の意味における「誓い」のことをいっているわけではありません。学徒は、ここで述べているような段階に到達すると、ある経験をすることになります。学徒は、神秘学の教えをどのようにして実際に応用するか、ということや、神秘学の教えをどのようにして人類のために役立てるか、ということを学びます。学徒は、世界をようやく正しい方法で理解し始めるのです。この場合、重要なのは、高次の真理について「沈黙する」ことではなく、正しい方法で適切な感覚を働かせながら、高次の真理の代弁者となることなのです。学徒が何について「沈黙する」ことを学ぶのか、ということは、それとはまったく別の問題です。むしろ学徒は、それまで自分が語ってきた多くの事柄に関して（とくにそれまでどのように語ってきたか、という話し方そのものに関して）、このようなすばらしい特性を身につけるのです。

自分が体験した秘密を、できる限り適切に、広範囲に、世界のために役立てようとしない人は、よくない秘儀参入者です。秘儀参入者がこのような領域について語るのを妨害するものがあるとすれば、それは受け取る側の人の無理解だけです。もちろん秘儀参入者が高次の秘密について好き勝手に述べるのは、ふさわしい態度ではありません。しかしだからといって、ここで解説しているような段階に到達した人に、何かが「禁じられている」わけではありません。ほかの人間や存在が、その人に、言葉の上だけの「誓い」を立てさせることはありません。すべてはその人の責任にゆだねられています。その人が学ばなくてはならないのは、どのような状況においても完全に自分自身をとおして、何をなすべきかを見出すことなのです。「誓い」という言葉は、その人がこのような責任を担うことができる段階まで成熟した、ということを意味しているのです。

秘儀参入をめざす人は、このような段階まで成熟すると、「忘却の飲み物 Vergessenheitstrunk」と象徴的に呼ばれているものを受け取ります。すなわち秘儀参入をめざす人は、低次の記憶によってたえず妨げられないで活動するためにはどうすればよいのか、という秘密を授けられるのです。秘儀参入者はかならず、この秘密を受け取らなくてはなりません。なぜなら秘儀参入者はつねに、いま自分がじかに体験している現在という時間を完全に信頼しなくてはならないからです。秘儀参入者は、人生のあらゆる瞬間において自分の周囲に広がる、記憶のヴェールを破壊することができなくてはなりません。もし今日出会う出来事を、昨日経験したことに従って判断するならば、私たちは多くの誤謬に陥ることになります。確かに私たちは、いままで人生のなかで経験してきたことを否定すべきではありません。私たちは、つねにこのような経験を、できるだけありありと記憶のなかに保持するようにするべきです。ただし秘儀参入者である私たちは、一つひとつの新しい経験を自分で判断し、どのような過去の経験によっても妨げられることなく、新しい経験を味わうことができなくてはなりません。

私たちはどのような瞬間においても、個々の事物や存在が明らかにする、まったく新しい秘密を受け入れる心がまえができていなくてはなりません。古い事柄をもとにして新しい事柄について判断すると、私たちは誤謬に陥ります。古い経験に関する記憶は、新しいものを見る能力を私たちに与えてくれることによって、有益なものになります。あらかじめ特定の経験を積んでおかないと、私たちは、自分が出会う事物や存在の特性をまったく見ることはできないでしょう。経験は、古いものに従って新しいものを判断するためにではなく、新しいものを見るために役立てられるべきなのです。このような点において、秘儀参入者は特定の能力を獲得します。このことによって、秘儀参入をしていない人には隠されたままになっている多くの事柄が明かされるのです。

秘儀参入者のために用意される第二の「飲み物」は、「記憶の飲み物 Gedächtnistrank」です。この飲み物をとおして、秘儀参入者は高次の秘密をずっと自分の霊のなかに保持する能力を身につけます。このような目的のためには、通常の記憶力では十分ではありません。私たちは高次の真理と完全に一つにならなくてはならないのです。私たちは知識として高次の真理を知るだけではなく、ふだん通常の人間として食べたり飲んだりするときと同じように、生き生きとした行為のなかで、高次の真理をごく自然に取り扱わなくてはなりません。高次の真理は、そのまま私たちの訓練や習慣や好みにならなくてはなりません。私たちは、高次の真理について、通常の意味において、あれこれ考えをめぐらす必要はまったくありません。高次の真理は、人間そのものをとおして姿を現し、物質体の生命の営みのように、人間のなかを貫いて流れるべきなのです。このようにして人間は、自然が人間の物質体を形成したのと同じようなレベルに、霊的な意味において到達できるように、少しずつ自分自身を作り上げていくのです。

▼実践的な観点

「準備」と「啓示」と「秘儀参入」の章で述べた方法に従って、自分自身の感情と思考と気分を育成すると、学徒は、自然によって体のなかに生み出される組織と似たものを、みずからの魂と霊のなかに作り出すことになります(2)。このような訓練をする以前には、学徒の魂と霊は未分化なかたまりの状態にあります。霊視者が知覚すると、このような魂と霊のかたまりは、おたがいにからみあう、いくつもの螺旋状の霧の渦のように見えます。この霧の渦は、多くの場合、赤色や赤みがかった茶色や赤みがかった黄色のような色として知覚され、鈍い輝きをかすかに放っているように見えます。そして学徒が訓練を積んだあとでは、魂と霊のかたまりは黄色がかった緑色や、緑色がかった青色のような色調を帯びて霊的に輝き始め、秩序立った構造を示すようになります。

自然をとおして体の活動のなかに秩序がもたらされることによって、学徒は見たり、聞いたり、消化したり、呼吸したり、話したりすることができます。それと同じように、自分自身の感情や思考や気分のなかに、自然によって生み出された秩序と同じようなものをもたらすとき、魂と霊のなかに規則正しさが生じ、学徒は高次の認識に到達するのです。

このようにして神秘学の学徒は、魂とともに呼吸したり、見たり、霊とともに聞いたり、話したりすることを、少しずつ学んでいきます。

この章では、高次の魂と霊を育成するのに必要ないくつかの実践的な観点について、詳しく解説することにします。基本的にすべての人は、そのほかの規則と関わる訓練に取り組まなくても、これらの実践的な観点に従うことができます。すべての人は、このような観点をとおして、神秘学においてさらにいくらか前進することになります。

まず私たちは、とくに忍耐を育てていくように努めなくてはなりません。あせりの感情はすべて、人間のなかにまどろんでいる高次の能力に対して破壊的に作用します。私たちは、すぐにでも高次の世界のすべてを覗き見ることができるのではないか、という期待を抱いてはなりません。なぜなら一般的に見て、私たちがそれほど早く高次の世界を霊視できるようになることは、ありえないからです。自分が達成したごくわずかなものに対する満足感や、平静で落ち着いた気分が、じょじょに私たちの魂を支配するようにならなくてはなりません。

神秘学を学ぶ人は、つい、いらいらしながら結果を期待しがちになります。しかしこのような焦燥感を克服しない限り、神秘学の学徒は何も達成することはできません。言葉の通常の意味において、このようなあせりの気持ちを押さえようとしても、効果はありません。その場合、このような焦燥感はいっそう強くなるだけです。表面上は焦燥感を克服できたと思い込んでいても、私たちの魂の深いところでは、あせりの気持ちはいっそう強くなります。私たちは、ある特定の思考に繰り返し身をゆだねて、この思考を完全に自分のものにするときにだけ、いくつかのことを達成できるのです。この思考とは、次のようなものです。

「確かに私は、自分自身の魂と霊を育成するためにあらゆることをしなくてはならない。しかし私は、高次の力が私のことを特定の啓示を授けるのにふさわしいと認めてくれるまで、穏やかな気持ちで待ち続けることにしよう」

このような思考が強められ、性格的な素質に変化するならば、私たちは正しい道を歩んでいるといえます。そうなるとこのような性格的な素質は、まず最初に、外に現れる私たちのふるまいのなかに現れるようになります。私たちの目つきは穏やかになり、体の動きは確かなものになり、私たちが下す決断ははっきりとしたものになり、いわゆる神経質な性質は少しずつ、私たちのなかから消えていきます。

そしてこの場合、私たちは、あまり重要でないように思われる、ささやかな規則に従わなくてはなりません。

たとえば、誰かが私たちを侮辱したとします。神秘学の訓練を始める前だったら、私たちは侮辱した人に反発する気持ちを抱いたことでしょう。私たちのなかには怒りの感情がわき上がってきたことでしょう。しかし神秘学の訓練をするようになった私たちの内面には、このとき、すぐに次のような思考が現れます。

「このように侮辱されたからといって、私の価値はまったく変わることはない」

それから神秘学の学徒である私たちは、怒りの感情に駆られることなく、平静で落ち着いた気分を抱きながら、このような侮辱に対してなすべきことを行うのです。もちろんこの場合、あらゆる侮辱をただ受け入れるのではなく、あたかもその侮辱が自分以外の人間に（侮辱に対して応酬する正当な理由がある人間に）加えられたかのように、平静で落ち着いた気分で自分自身の人格と向きあい、侮辱に対して応酬することが大切です。

私たちは、「神秘学の訓練の成果は、外界の粗雑な事象のなかにではなく、感情と思考の営みが静かで、繊細なものに変化することのなかに現れる」ということをつねに念頭に置いておく必要があります。

忍耐は、高次の知識の宝物を引き寄せるように作用します。あせりは高次の知識の宝物を退けます。とくに急いだり動揺したりする人は、存在の高次の領域において何も達成することはできません。とくに私たちは要求したり、欲望を抱いたりする態度をつつしまなくてはなりません。魂のなかの要求や欲望といった特性と出会うとき、あらゆる高次の知識は、おずおずと背後に退いてしまいます。あらゆる高次の知識がどんなに価値のあるものであるとしても、もしそれを手に入れたいのなら、私たちはけっしてそれを要求してはならないのです。自分自身のために高次の知識を獲得しようとする人は、絶対にそれを手に入れることはできません。

そのため、私たちは魂のもっとも深いところにおいて、自分自身に対して真実を貫かなくてはならなくなります。私たちはいかなる点においても、自分自身に関してみずからを欺いてはなりません。私たちは、自分にはどのような欠点や弱点があるか、自分は何が不得意か、といったことを、内面的な正直さとともに直視しなくてはなりません。

あなたがみずからの弱点に関して、自分自身に向かって弁護する瞬間に、あなたは高みへと導いてくれる道の上に、障害となる石を置いたことになります。あなたはみずからの本当の姿を、自分自身に対して明らかにするときにのみ、このような石を取り除くことができるのです。

自分の欠点や弱点を取り除く方法は一つしかありません。それは、欠点や弱点を認識することにほかなりません。人間は魂のなかに眠っているあらゆるものを、目覚めさせることができます。「なぜ私にはこのような弱点があるのか」ということを、平静で落ち着いた気分を抱きながら、自分自身に対して明らかにすることができるならば、人間は悟性や理性までも、よりよいものに変えていくことができるようになります。もちろん、このように自己を認識するのは容易ではありません。なぜなら自分自身に関してみずからを欺きたいという誘惑は、はかりしれないほど大きいものだからです。自分自身に関して真実を貫くことに慣れるとき、私たちは高次の認識への門を開くのです。

神秘学の学徒は、あらゆる好奇心を消し去らなくてはなりません。神秘学の学徒は、自分自身の個人的な知識欲を満たすという目的のためだけに知ろうとしている事柄に関しては、できるだけ問いかけないようにしなくてはなりません。神秘学の学徒が問いかけてよいのは、自分自身の本質を完全なものに変える手助けとなるような事柄だけであり、その目的はあくまでも人類の進化のために奉仕することにあるのです。しかしこのとき学徒のなかで、知ることに対する喜びの感情と献身的な態度が、けっして弱まるようなことがあってはなりません。学徒は、この目的に仕えるあらゆるものに敬虔な態度で耳を傾け、このような敬虔な態度を育てる機会を探すように努めなくてはなりません。
神秘学の訓練をするためには、とりわけ願望と関わる生活を育成していくことが必要不可欠です。私たちは願望を失ってはなりません。なぜなら私たちは、自分が達成すべきものを、まず最初に願わなくてはならないからです。願望の背後に、ある特別な力が存在しているときには、願望はつねに実現に向かいます。このような特別の力は、正しい認識から生じます。

「ある領域において正しいことを認識するまでは、私は何も願わない」

これは神秘学の学徒のための黄金律です。賢い人は、まず最初に世界の法則を認識します。すると、その人の願望はそれを実現させる力になります。
このことを明らかにしてくれる例を、挙げてみましょう。たとえば自分で霊視して、地上に誕生する以前の人生について知りたいと願っている人は、たくさんいます。しかしながら、霊学をとおして永遠なるものの本質について研究することによって、法則を（そのもっとも繊細で秘められた性格において）認識しない限りは、その人がこのような願望を抱いてもまったく無意味であり、そこからは何も生み出されません。しかしもしこのような認識を実際に獲得し、その上でさらに先に進もうとするならば、高尚なものに変わった、純化された願望をとおして、その人は進歩することができるでしょう。

「私は自分の前世を見たいのです。私が霊学を学ぶのは、この目的のためです」といったところで、そこからは何も生み出されません。私たちはこのような願望を断念し、自分のなかから排除した上で、このような意図をまったく抜きにして霊学の研究をしなくてはなりません。私たちは、意図をもたないで、霊学の勉強そのものに対する喜びと献身的な態度を育てていかなくてはなりません。このような姿勢で勉強するときに、私たちは同時に、のちにおのずと実現することになるような、正しい願望を抱くことを学ぶのです。

＊　＊

怒ったり、腹を立てたりするとき、私は魂の世界において自分の周囲に壁を築くことになります。そうなると、本来私の魂の目を成長させるはずの力は、私のほうに近づくことができなくなります。たとえばある人が私を怒らせるとき、その人は魂的な流れを魂の世界に送り込みます。しかし腹を立てる可能性をまだ捨て切っていないうちは、私はこのような魂的な流れを見ることはできません。私が抱く怒りは、この魂的な流れを覆い隠して、私の目には見えなくしてしまうのです。

ただし、もう腹を立てることがなくなったからといって、私がすぐに魂的（アストラル的）な現象を見るようになるわけではありません。なぜなら魂的な現象を見るためには、まず私のなかで、魂の目が発達しなくてはならないからです。このような魂の目の素質は、すべての人間のなかに存在していま す。人間が腹を立てる可能性を保持しているあいだは、このような魂の目は活動しないままの状態に留まります。しかし私たちが怒りをいくらか克服しても、魂の目がすぐに現れるわけではありません。私たちはつねに怒りを克服するように努め、辛抱強く、繰り返し、この努力を続けなくてはなりません。そうすれば私たちはある日、このような魂の目が成長してきたことに気がつくことでしょう。

もちろん私たちがこのような目的のために克服しなくてはならない性質は、怒りだけではありません。何年もかけて魂の性質をいくつか克服したのに、いまだに霊視能力が現れないため、あせりを覚え、疑念を抱く人はたくさんいます。このような人びとは、いくつかの性質は正しく育成したものの、そのぶんだけ、別の性質をはびこらせてしまったのです。人間のなかでまどろんでいる能力が発達するのを妨げる性質をすべて克服したとき、霊視能力はようやく姿を現します。確かに霊視（あるいは霊聴）の最初の段階は、もっと早い時期に現れます。しかしそれはかよわい植物のようなものであり、それ以降、注意深く守り育てるようにしないと、容易にさまざまな誤謬にさらされ、枯れてしまいます。

私たちが克服しなくてはならない性質には、怒りや不機嫌のほかに、臆病な心、迷信、偏見を好む心、虚栄心、名誉欲、好奇心、必要のないことを何でも人に話したがる気持ち、人間を外面的な地位や性別や血縁関係をもとに差別する態度、などがあります。現代人にとっては、これらの性質を克服することが認識能力を高めることと関係がある、という事実を理解するのはとても困難です。しかし神秘学を学ぶ人は皆、知性を育てたり、芸術的な訓練をしたりすることよりも、このような性質を克服することのほうがはるかに重要である、ということをよく知っています。この場合、「臆病にならないためには、無謀なふるまいをしなくてはならない」とか、「地位や人種などに関わる偏見を克服するためには、一人ひとりの人間の違いには目を向けないようにするべきである」と考えるなら、私たちは容易に誤解に陥ることになります。私たちは偏見にとらわれなくなるとき、ようやく正しく認識することを学びます。事実、すでに日常的な感覚のレベルにおいて、私たちは、恐れの感情を抱くことによってある現象を明確に判断することができなくなったり、人種に関する偏見を抱くことによってある人物の魂を理解することができなくなったりします。神秘学の学徒はこのような日常的なものと関わる感覚を、きわめて繊細に、鋭敏に、自分自身のなかで発達させなくてはならないのです。

思考のなかで十分に純化しないうちに口にするあらゆる言葉をとおして、私たちの神秘学的な訓練の道に、障害となる石が置かれることになります。このような事柄について、一つの例を挙げて解説してみることにしましょう。

たとえば誰かが私にあることを語り、私がそれに対して答えなくてはならないとき、私は、その話題について私自身が語るべき事柄よりも、相手の人の考えや感情を（さらには偏見までも）尊重するように努めなくてはなりません。このような場合には、相手の人の気持ちを繊細に感じ取る態度を育てることが大切です。神秘学の学徒は注意深く、相手の人の気持ちを感じ取るように努めます。神秘学の学徒は、「相手の意見と私の意見が出会うとき、そのことは相手にとって、どのような意味をもつのか」ということを判断できるようにならなくてはなりません。

もちろん私はここで、神秘学の学徒は自分の意見を差し控えるべきだ、といいたいわけではないのです。まったくそのようなことはありません。ただし私たちは、できるだけ正確に、ほかの人が語る言葉に耳を傾け、このようにして聞き取った事柄をもとに、自分自身の答えを生み出さなくてはならないのです。このとき、神秘学の学徒のなかに、繰り返しある一つの考えがわきあがってきます。このような考えが内面において生き続け、性格上の素質にまでなるならば、学徒は正しい道を歩んでいるといえます。その考えとは、次のようなものです。

「私の考えがほかの人の意見と異なっている、ということは重要ではない。大切なのは、私が何らかの形で手を貸すことによって、相手が自分自身のなかから正しい事柄を見つけるようにすることなのだ」

このような（あるいはこれと似通った）思考によって、神秘学の学徒の性格と行動は、神秘学の訓練の重要な手段である温和さの傾向を帯びるようになります。かたくなな態度は、魂の目を目覚めさせてくれる魂的な存在を、あなたのまわりから追いはらいます。温和さはあなたの障害を取り除き、あなたの器官を目覚めさせます。温和さを獲得すると、すぐに別の特徴が私たちの魂のなかで形成されることになります。それはすなわち、「自分自身の魂の活動を完全に沈黙させながら、周囲の世界の魂的な営みのあらゆる細部に静かに注意を向ける」という特徴です。このような特徴を身につけると、植物が太陽の光を浴びて葉を茂らせるように、私たちの魂は、周囲で営まれている魂的な活動の作用をとおして、成長しながらさまざまな部分に分化し、組織化されていきます。辛抱強く、温和さと沈黙の傾向を身につけるとき、私たちの魂は魂的な世界に向かって、私たちの霊は霊的な世界に向かって開かれます。

「静かに自己の内面に留まっている状態を保ちなさい。まだ神秘学の訓練を始めていない頃、感覚をとおしてあなたに伝えられたものに対して、感覚を閉ざしなさい。過去の習慣に従って、いままであなたのなかで波打っていた思考をすべて、静めなさい。内面において完全な平静さを保ち、沈黙し、辛抱強く待ち続けなさい。そうすれば高次の世界は、あなたの魂の目と霊の耳を形成し始めます。魂の世界や霊の世界で、すぐに見たり、聞いたりすることを期待してはなりません。なぜならあなたが行っている訓練の目的は、あなたの高次の感覚の形成をうながすことのみにあるからです。高次の感覚を身につけたとき、ようやくあなたは魂的に見たり、霊的に聞いたりするようになります。しばらくのあいだは、静かに自己の内面に留まっている状態を保ちなさい。『いつか私がふさわしい段階まで成熟したら、生じるべきものが生じるだろう』という思考を自分のなかに深く刻み込んだら、慣れ親しんだ日常の仕事に取り組みなさい。そして高次の力のなかから、何かを好き勝手に自分のほうに引き寄せようとする態度を厳しく戒めなさい」

訓練の道を歩み始めるとき、神秘学の学徒は、師からこのような指示を受けます。この指示に従うと、学徒はいっそう完成に近づきます。この指示を守らないと、あらゆる努力は無駄になります。しかしこのような指示に従うのは難しいと感じられるのは、学徒に忍耐力と確固とした態度が欠けている場合だけです。あらゆる障害は、各人が自分で訓練の道の上に置くのであり、当人が本気でそうしたいと思うときには、自分で避けることができるのです。このことは繰り返し強調しておかなくてはなりません。というのも多くの人が、学徒が神秘学の小道を歩むときに直面する困難について、誤った観念を抱いているからです。ある意味においては、神秘学の訓練をしないまま人生のごく日常的な困難を克服するよりも、訓練の道の最初の数段階を乗り越えるほうが容易なのです。

　本書でお伝えすることが許されるのは、体や魂の健康にまったく危険をもたらすことがない訓練方法だけです。確かに本書で紹介されている訓練方法以外にも、より早く学徒を目標に導いてくれる、別の訓練方法も存在します。しかし私がここで述べている事柄は、これらの訓練方法とは何の関係もありません。というのもこれらの訓練方法は、経験を積み、神秘学に精通した人ならけっしてめざそうとはしない、ある種の作用を人間にもたらす可能性があるからです。こうした訓練方法のいくつかは、何度も、おおやけの場に姿を現そうとしていますので、ここで読者の方にはっきりと、こうした道に足を踏み入れないように警告しておきたいと思います。秘儀参入者だけに理解できる理由に基づいて、これらの訓練方法の本当の姿は、人びとの目から隠されています。さまざまな場所で姿を現すのは、これらの訓練方法の一部分にすぎません。これらの訓練方法は、有益なものをもたらすことはなく、人びとの健康と幸せと魂の安らぎをむしばんでいきます。闇の力に身をゆだねたくないなら

（一般の人は、その真の本質と根源について知ることはできません）、このような訓練方法には関わりあわないのが一番です。

神秘学の訓練を行う環境についても、いくつかのことを述べておきましょう。なぜならそこには、さまざまな重要な事柄が含まれているからです。神秘学の訓練を行う環境は、訓練をする人ごとに異なっています。エゴイスティックな感情が（たとえば現代的な生存競争が）満ちあふれている環境のなかで訓練をする人は、このような感情は魂の器官の形成に何らかの影響を及ぼす、ということを意識しておかなくてはなりません。確かに魂の器官のなかで働いている法則はとても強固なものなので、エゴイスティックな感情の影響を受けたからといって、大きな障害が生み出されることはありません。成長に適さない環境のなかにあっても、ユリがアザミに変わることがないのと同じように、現代の都市に特有のエゴイスティックな感情の作用を受けたとしても、私たちの魂の目が、あらかじめ定められているのとは別のものに変化することはありません。

しかしたとえどのような状況で生活しているとしても、神秘学の学徒が、ときどきは自然の静かな安らぎや、自然の内に秘められた気高さと美しさのなかに身を置くようにするのはよいことです。緑の植物や、太陽の光に照らされた山や、素朴な自然の好ましい作用に取り囲まれて神秘学の訓練をする人は、恵まれた環境にいるといえます。このような環境をとおして、私たちの内面的な器官は、現代的な都市では生じない調和のうちに発達していきます。少なくとも子どもの頃にモミの森の空気を吸ったり、雪で覆われた山の頂を見たり、森の動物や昆虫の穏やかな活動を観察した人は、町で育った人よりも有利な状況に置かれています。どうしても町で生活しなくてはならない人は、形成されつつある魂と霊の器官に、霊学によって伝えられる霊的な教えを養分として供給することを怠ってはなりません。毎年春に、緑の森を毎日観察することができない人は、その代わりに、バガヴァッド・ギーター(3)やヨハネ福音書(4)やトマス・ア・ケンピス(5)の崇高な教えや、霊学の成果をとおして伝えられる事柄を心のなかに受け入れる必要があります。霊的な認識の頂点に到る道はたくさんありますが、私たちはかならず正しい道を選ぶようにしなくてはなりません。

神秘学に精通している人は、このような訓練の道に関して、秘儀参入していない人には不可思議に思われるような事柄を、いくつか伝えることができます。

たとえばある人が、神秘学の小道において、かなりの進歩を遂げているとします。その人は、魂の目と霊の耳が開く直前の段階にいます。それからその人は、穏やかな海の上を（あるいは荒れている海の上を）航海する機会に恵まれます。すると、それまでその人の魂の目を覆っていたものがなくなります。その人は突然、霊視できるようになるのです。同様に別の人が、あとは目を覆っているものを取り去るだけ、という段階にまで到達しているとします。この人の場合は、強い運命の打撃によって目を覆っているものが取り除かれます。別の人間がこのような運命の打撃を受けると、その影響によって力は萎え、エネルギーは奪われてしまったかもしれません。しかしこの神秘学の学徒にとっては、運命の打撃が啓示を受け取るきっかけになるのです。

三番目の人は、辛抱強く待ち続けます。その人は何年ものあいだ、目立った成果が得られないまま、じっと待ち続けています。すると突然、穏やかな気分で静かな部屋に座っているときに、その人のまわりに霊的な光が現れます。部屋の壁は消え、魂的に透明になります。そして新しい世界が霊視できるようになった目の前に広がり、さらにこの世界が霊的に聞くことができるようになった耳に向かって、霊的な音となって鳴り響きます。

▼神秘学の訓練のための条件

神秘学の訓練の第一歩を踏み出すための条件は、誰かが好き勝手に決めたわけではありません。これらの条件は、神秘学の本質のなかから生み出されたものです。筆を手にとろうとしない人が画家になることができないのと同じように、神秘学の師が示す必要な条件を受け入れようとしない人が、神秘学の訓練を始めるのは不可能です。神秘学の師は、基本的には学徒に助言することしかできません。この意味において、学徒は師の助言をありのままに受け入れなくてはなりません。師はすでに、高次の世界を認識するための準備となる道を体験しています。師は自分自身の体験をもとに、高次の認識に到るためには何が必要かを知っています。師と同じ道を歩むか、歩まないかは、一人ひとりの学徒の自由意志にゆだねられています。しかし、もし学徒が必要とされている条件を受け入れるつもりはないのに、神秘学の訓練をしてくれるように師に求めるならば、それは、「絵の描き方を教えて下さい。でも、私が筆にさわるのは勘弁して下さい」と要求しているのと同じようなものなのです。

神秘学の師は、学徒が自由意志に基づいて受け入れようとしない限りは、何も教えることはできません。そしてこの場合、一般的な意味において高次の知識を得たいと願うだけでは不十分である、ということを強調しておきたいと思います。高次の知識を得たいという願望を抱いている人はたくさんいますが、神秘学の訓練の特別の条件と関わろうとしないで、このような願望のみを抱く人は、何も達成することはできません。「私には神秘学の訓練は難しすぎます」と文句をいう人たちは、このことをよく考えてみて下さい。厳格な条件を満たすことのできない人（あるいは満たすつもりのない人）は、とりあえず神秘学の訓練を始めることを諦めなくてはなりません。確かにこれらの条件は厳格ですが、苛酷ではありません。学徒がこれらの条件に従うことは、あくまでも、自由な行為でなくてはならない（あるいは必然的に自由な行為にならざるをえない）のです。

この点を顧慮しない人は、神秘学で求められる条件は学徒の魂や良心に対する強制である、と考えるかもしれません。確かに神秘学の訓練の本質は、人間の内面的な営みをよりよいものに変えることにあります。そのため神秘学の師は、このような内面的な営みに関して助言を与えないわけにはいかないのです。しかし私たちは、学徒が自由な決断に基づいて行うべき訓練を、ある種の強制と見なすことはできません。

もしある人が師に向かって、「あなたが知っている秘密を私に教えて下さい。ただし私の通常の感覚や感情や表象はそのままにしておいて下さい」と頼むなら、その人はまったく実現不可能な要求をしていることになります。この場合、その人は自分の好奇心や知識欲だけを満たそうとしています。このような心がまえで、学徒が神秘学の知識を身につけることはできません。

では神秘学の学徒になるための条件について、順を追って解説していくことにしましょう。まず最初に、「どの条件に関しても、それを完全に満たすことは学徒に求められていない。学徒に求められているのは、完全に条件を満たすように努力することだけである」という点を強調しておかなくてはなりません。これらの条件を完全に満たすことができる人はいません。しかし誰でも、これらの条件を満たすことを目標とする道を歩むことはできます。ここで大切なのは、この道を歩もうとする意志と心がまえだけなのです。

第一の条件とは、「あなたの体と霊の健康を促進するように注意をはらいなさい」というものです。

確かに私たちは、初めのうちは、みずからの健康状態を自分で決定することはできないかもしれません。しかし誰でも、体と霊の健康を促進するように努めることは可能です。健全な認識は健全な人間のなかからのみ、生じます。健康でないからという理由で、ある人が神秘学の訓練から排除されることはありません。しかし神秘学の訓練では、学徒は、少なくとも健全に生活する意志をもつように求められるのです。

私たちは、自分自身の体と霊の健康を促進するという点において、可能な限り自立しなくてはなりません。一般的にいって、こちらが求めてもいないのに、ほかの人が善意で与えてくれる助言の大部分は、必要のないものです。私たちは皆、みずからの体と霊の健康に自分で注意をはらうように努めなくてはなりません。

私たちの体の健康に関していえば、ほかの何にもまして、有害な影響を受けないようにすることが大切です。もちろん私たちは、義務をはたすために、しばしば健康によくない事柄をあえて引き受けなくてはならないこともあります。私たちは、もしそれが正しいことであるならば、健康に対する配慮よりも義務を重視することができなくてはなりません。よい意志をもっていれば、私たちはどのようなことも、おろそかにはできないのです。多くの場合、私たちは健康よりも（しばしば生命よりも）義務を大切にしなくてはなりません。しかし神秘学の学徒である私たちが、健康や生命よりも楽しみを優先することはけっして許されません。神秘学の学徒にとっては、楽しみは健康と生命のための手段にすぎません。何に喜びを見出すのか、という点に関して、私たちは自分自身に対して正直で、誠実であるように心がけなくてはなりません。私たちが禁欲的な生活を送っても、それがそのほかの楽しみを求める場合と同じような動機から生じるならば、何の役にも立ちません。ほかの人がワインを飲むことに心地よさを感じるのと同じように、ある人が禁欲することに喜びを見出すこともありうるのです。そのような人は、禁欲主義が少しでも高次の認識に役立つなどという考えを抱いてはなりません。

多くの人びとは、自分がこのような点において進歩することができないのを、生活環境のせいにしたがります。このような人びとは、「いまのような生活環境では、私は成長することができない」といいます。確かにある観点から見ると、多くの人びとにとって、生活環境を変えるのは望ましいことのように思われるかもしれません。しかし実際には、どのような人も、神秘学の訓練という目的のために生活環境を変える必要はないのです。神秘学の訓練をするためには、私たちはただ、いま置かれている生活環境のなかで、可能な限り体と魂の健康を保つように努めるだけでよいのです。どのような仕事にも、私たちが人類全体のために奉仕する可能性が含まれています。「私にとって、この仕事はひどすぎる。私は別の仕事に向いているはずだ」と考えるよりも、「このささやかな仕事を（あるいは、いとわしいと思われるような仕事を）人類全体はどれほど必要としているか」ということを認識するほうが、私たちの魂は、はるかによい影響を受けます。

神秘学の学徒にとっては、霊的な健康を完全に保つように努めることが、とくに重要な意味をもっています。不健全な心情や思考と結びついた生活を営むと、学徒は、高次の認識に到達する道から逸脱してしまいます。明晰で穏やかな思考や、確実な感覚や感情こそ、高次の認識に到るための基盤なのです。神秘学の学徒は、空想的なものや、興奮状態や、神経質な態度や、ヒステリックな状態や、狂信的な考え方などを好む傾向を克服し、人生のあらゆる状況に健全なまなざしを向けることができなくてはなりません。学徒は、いま自分が置かれている人生の状況を確実に理解し、穏やかな気持ちで、事物そのものに語らせ、事物の作用を自分のなかに受け入れます。そして必要な場合には、いつも人生に対して公正であるように努め、極端にかたよった事柄はすべて、自分の判断と感覚に基づいて避けるようにします。このような条件を守らないと、神秘学の学徒は、高次の世界ではなく、自分自身の空想力によって生み出された世界に入っていくことになります。そうなると真理のかわりに、自分自身の好みにあった考えが学徒のなかで力をふるうようになります。神秘学の学徒は、ヒステリックに興奮したり、空想にふけったりしないで、つねに「醒めて」いる状態を保たなくてはならないのです。

神秘学の訓練を始めるにあたっての第二の条件は、「自分自身を生命全体の一部分と感じること」です。この条件には、多くの事柄が含まれていますが、私たちはそれぞれ、自分自身のやり方でしか、この条件を満たすことはできません。

たとえば私が教育者で、生徒が私の期待に答えてくれないときには、私はまず最初に、感情を生徒にではなく、自分自身に向けなくてはなりません。「この生徒のいたらない点は、私自身の行為の結果ではないだろうか」と問いかけることができるくらい、私は、自分と生徒は一体である、と感じるべきなのです。感情を生徒にぶつける代わりに、私は、「将来この生徒が私の要求にもっとこたえてくれるようにするためには、私自身はどのようにふるまうべきなのだろうか」と考えます。このように考えることによって、少しずつ私たちの思考全体が変化します。このことは小さなことにも、大きなことにも、同様にあてはまります。

たとえば私は、このような考え方をすることによって、いままでとはまったく異なった方法で犯罪者に目を向けることができるようになります。私は自分自身の判断を差し控えて、次のように考えます。「私も、この人と同じような一人の人間にすぎない。もしかすると、ただ環境が与えてくれた教育のおかげで、私はこの人のような運命に陥らないですんだのかもしれない」。それから私はさらに、「私のためにいろいろと世話をしてくれた先生が、この人の面倒も見ていたら、人類全体のなかの私の兄弟ともいうべきこの人は、別の人間になっていただろう」と考えます。私は、「この人から奪われたものが、私には与えられた。私がよいものをもっているのは、それがこの人から奪われたおかげである」と考えます。すると私は、「私は全人類の一部分である。私は、生じるすべての事柄に関して、全人類とともに責任を負っている」という考えに近づきます。私はここで、このような思考をすぐに目に見える形となって現れる、扇動的な行動に移すべきである、と述べるつもりはありません。むしろ私たちは魂のなかで、このような思考を静かに育てていくべきなのです。そうすると、この思考は少しずつ、外に現れる行動のなかに反映されるようになります。

このようにして、私たちは自分自身のみを変革し始めます。ここで述べているような考え方に関して、人類全体に普遍的な要求をつきつけても、何の成果も得られません。人間はどうあるべきか、ということについて判断を下すのは容易ですが、神秘学の学徒は、このような表面的な部分においてではなく、もっと深い部分において活動しなくてはならないのです。ですから、ここで神秘学の学徒に求められている事柄を、何らかのうわべだけの政治的な要求と結びつけるならば（このような態度は神秘学とは無関係です）、私たちはまちがったことをしていることになります。政治的な扇動をする人びとは、一般的にいって、ほかの人間に何を「要求」すべきかを「知っています」。しかしこのような人びとは、自分自身に何を要求するか、ということに関しては、ほとんど何も語ろうとしません。

神秘学の訓練の第三の条件は、このような事柄と直接結びついています。つまり学徒は、努力することをとおして、「私の行動だけでなく、私の思考と感情も、同様に世界に対して重要な意味をもっている」と考えることができる境地まで上昇しなくてはならないのです。

まず私たちは、「私が身近な人間に対して抱く憎しみの感情は、直接殴りつけるのに匹敵するほど破壊的な作用を相手に及ぼす」ということを認識しなくてはなりません。そうすれば私たちは、「私がより完全な存在になるとき、私たちは、自分自身だけではなく、世界にとっても意味のあることを行っている」ということも理解できるようになります。世界は、私たちのよい行為からも、私たちの純粋な感情や思考からも、有益なものを受け取ります。「私の内面生活は世界に対して重要な意味をもっている」という確信を抱くことができないうちは、私たちは神秘学の学徒となるにはふさわしくありません。魂的な事象は少なくとも外界に見出される事象と同じくらい現実的である、という考えに立ちながら、魂的な事象と関わりあうとき、私たちはようやく、自己の内面や魂の重要性について正しい確信を抱くことができるようになります。私たちは、「私の感情は、手をとおして行う行為に匹敵するくらい大きな影響を世界に対して及ぼす」ということを認めなくてはなりません。

このように述べていくと、私たちはすでに第四の条件について解説したのも同じことになります。すなわち第四の条件とは、「人間の真の本質は外見にではなく、内面にある」という考え方を身につけることにほかなりません。

「私という人間は外界の産物、つまり物質的な世界が生み出したものにすぎない」と考えるなら、私たちは、神秘学の訓練において何も達成することはできません。自分自身を魂的・霊的な本質として感じることが、神秘学の訓練の基本です。このような感情を育てることをめざして前進するとき、私たちは内面においてとらえる義務と、目に見える形を取って外界に現れる成功を区別するのにふさわしい心的態度を身につけます。私たちは、「この二つのうち、一方を基準にして、そのまま、もう一方について判断することはできない」ということを認識します。神秘学の学徒は、外界の条件によって求められる事柄と、自分にとっての正しいふるまい方とのちょうど中間を見出さなくてはなりません。学徒は、まわりの人びとが理解できないような事柄を一方的に押しつけてはなりません。そしてその一方で、学徒は、まわりの人びとが認めてくれることだけをしようという欲求からも、完全に自由にならなくてはなりません。

学徒は、認識をめざして努力する誠実な魂の声のみに従って、自分自身の真実を承認しようとします。しかし同時に学徒は、何がまわりの人びとの役に立つのか、ということを知るために、可能な限り周囲の世界について学ばなくてはなりません。このようにして学徒は、自分自身のなかに、神秘学において「霊的な秤《はかり》 geistige Waage」と呼ばれているものを育てていきます。この秤の一方の皿には、外界が要求することに対して「開かれた心」が、もう一方の皿には、「内面的な確実さとゆらぐことのない忍耐力」が置かれているのです。

そしてそれとともに、第五の条件が示されます。その条件とは、「一度自分で決めたことは、確固とした態度で守りとおす」というものです。

自分がまちがった決断を下したということに気づく場合を除いては、神秘学の学徒が、一度決めた事柄を変更することは許されません。あらゆる決断は、それ自体、力なのです。かりに最初に決断した事柄が直接的には成功に結びつかなかったとしても、決断そのものの力はそれ自体の方法で作用します。ある事柄が成功するかどうか、ということが重要な意味をもつのは、私たちが欲望に駆られて行動する場合だけです。欲望から生じるどのような行動も、高次の世界にとっては価値がありません。ここで決定的な意味をもつのは、行為に対する愛だけなのです。神秘学の学徒を行為へと駆り立てるものはすべて、このような行為に対する愛そのもののなかに姿を現さなくてはなりません。そうすれば、たとえ過去に何度も失敗したとしても、学徒は臆することなく、自分で決断した事柄を繰り返し行動に移そうとすることでしょう。そのとき学徒は、行為の影響が目に見える形を取って外界に現れるのを待ち受けることはなくなり、行動することそのものに満足を覚えるようになるでしょう。学徒は、世界がそれをどのような形で受け入れようとも、自分自身の行為や、自分自身の全存在を、世界のために捧げます。神秘学の学徒になろうとする人は、このような犠牲的な奉仕をする意志をはっきりと表明しなくてはなりません。

第六の条件は、「自分に与えられるすべてのものに対する感謝の感情を育てる」というものです。私たちは、「私という存在は宇宙全体からの贈り物である」ということを知らなくてはなりません。私たち一人ひとりが存在し、生活していくためには、なんと多くのものが必要になることでしょう。私たちは自然や、自分以外の人間に、なんと多くのおかげをこうむっていることでしょう。神秘学の訓練をしようとする人は、このような考え方を身につけなくてはなりません。このような思考に身をゆだねない限り、私たちは、高次の認識に到達するのに必要な、すべてに対する愛を自分のなかに育成することができなくなります。私がある存在のことを愛さない限り、この存在は私に真の本質を明らかにすることはできません。あらゆる存在が真の姿を見せるとき、私は感謝の気持ちを抱かずにはいられません。なぜならそのことによって、私はさらに豊かになるからです。

これまで挙げたすべての条件は、第七の条件において一つにまとめられます。その条件とは、「つねにこれらの条件が求めるとおりに、人生を理解する」というものです。

このことによって神秘学の学徒は、人生に統一的な性格を与える可能性を生み出します。そうすれば、人生の個々の要素は調和しあうようになり、相互に矛盾することはなくなります。このようにして学徒は、神秘学の最初の段階で獲得しなくてはならない、平静さを身につける準備をするのです。

これまで述べてきた条件を満たそうとする、真剣で誠実な意志を確立してから、ようやく学徒は、神秘学の訓練に取り組む決心をすることが許されます。そのときには学徒は、私がこれまでお伝えしてきたような助言に従う心がまえができているはずです。ある人びとにとっては、これらの助言の多くは型にはまったもののように思われるかもしれません。このような人びとは、「私は、神秘学の訓練は、もっとゆるい形式で進められると期待していたのに」というかもしれません。しかしいかなる場合においても、内にあるものはすべて、外にあるものをとおして姿を現さなくてはならないのです。画家の頭のなかだけに存在しているイメージが、実際に姿を現しているとはいえないのと同じように、目に見える形で表現されない限りは、神秘学の訓練は本当の意味で存在することはできないのです。内にあるものは外にあるものをとおして表現されなくてはならない、ということを知らない人だけが、神秘学の訓練の厳格な形式を過小評価するのです。確かに、「重要なのは、ある事柄に含まれている霊的な要素であり、形式ではない」ということは真実です。しかし霊がなければ形式は成立しないのと同じように、形式を生み出さない限り、霊は活動することができないのです。

私がこれまで解説してきた条件をとおして、学徒は、神秘学の訓練においてこの先さらに要求される事柄に従うために必要な強さを身につけます。あらかじめこれらの条件を満たしておかないと、学徒はこれから先の訓練において、新しい事柄を要求されるたびに、ためらいを覚えることになります。これらの条件を守らないと、学徒は、神秘学の訓練をするために必要な、ほかの人びとに対する信頼の気持ちを抱くことができなくなります。真理を求める努力はすべて、信頼と真の人間愛の上に築かれなくてはなりません。確かに真理を求めて努力しようとする態度は、信頼と真の人間愛そのものから生じるわけではなく、学徒本人の魂の力のなかからのみ、ほとばしり出てきます。しかしそれでもなお、真理を求める努力は、信頼と真の人間愛という基盤の上に築かれなくてはならないのです。そしてこのような人間愛はじょじょに、すべての生き物や、すべての存在に対する愛へと拡大していかなくてはなりません。先に述べたような条件を満たしておかないと、学徒は、あらゆる建設や創造の営みに対して十分な愛を抱くことができなくなり、何かを破壊したり、滅ぼしたりするのをやめようとしなくなります。神秘学の学徒は、行為においても、言葉や感情や思考においても、何かを滅ぼすことだけを目的として、破壊的な行為に手を染めることがないようにしなくてはなりません。学徒はまず、何かを生じさせたり、生成させたりすることに喜びを感じなくてはなりません。そしてその上で、学徒は、そうすることによって新しい生命の生育をうながすことができる場合にのみ、何かを破壊することが許されるのです。

ここで私は、神秘学の学徒は悪がはびこるのをただ手をこまねいて見ていればよい、というつもりはありません。悪と出会ったときには、学徒は、それをとおして悪を善に変えることができるような要素を探すべきです。「悪や不完全なものと戦うもっとも正しい方法は善や完全なものを生み出すことである」ということを、学徒ははっきりと理解するようになります。神秘学の学徒は、「無からは何も生み出すことはできない。しかし不完全なものは、完全なものに変えることができる」ということを知っています。創造することを好む性質を自分のなかで育てるようにすると、私たちはまもなく、悪に対して正しくふるまう能力も身につけるようになるのです。

神秘学の訓練に取り組む人は、「人間は訓練をとおして育成されなくてはならない。訓練をすることによって、人間が破壊されるようなことがあってはならない」という点をはっきりと理解しておく必要があります。学徒は、誠実に献身的に努力しようとする意志をもつべきであり、けっして批判したり、破壊しようとする意志を抱くようなことがあってはなりません。学徒は敬虔な感情を抱くことができなくてはなりません。なぜなら私たちは、自分がまだ知らないことを学ぶ必要があるからです。私たちは敬虔な感情を抱きながら、自分に対して明らかにされる事柄に目を向けなくてはなりません。努力と敬虔な感情は、神秘学の学徒に求められる基本的な心的態度です。神秘学の訓練を続けるうちに、多くの人が、当人は休むことなく努力しているつもりでいるのに訓練は少しも進歩しない、という経験をします。その原因は、その人が努力と敬虔な感情を正しい意味において理解しなかったことにあります。成功することを目的として努力しても、私たちは、ほとんど成功をおさめることができません。また、敬虔な感情を欠いたまま勉強しても、私たちはほとんど前進することはありません。成功にではなく、努力そのものに向けられる愛のみをとおして、私たちは前進します。勉強するときに、私たちが健全な思考と確実な判断を探し求めるようにすると、敬虔な感情が疑念や不信感によってそこなわれることはなくなります。

訓練の初歩の段階で、自分自身の考えに固執することなく、敬虔な感情と献身的な態度を静かに保ちながら、さまざまな考えを受け入れるからといって、私たちは奴隷のように、外から与えられる思考によって判断を左右されることはありません。高次の認識をいくらかでも獲得した人は、「私がこのような認識に到達できたのは、すべて、自分勝手な個人的な判断に従わないで、外から与えられる思考に静かに耳を傾け、それを自分のなかで消化してきたおかげである」ということを知っています。

ひとたび判断を下してしまった事柄に関しては私たちはそれ以上何も学ぶ気がしなくなる、ということは、いつも念頭に置いておく必要があります。ですからある事柄に関して判断を下すことのみをめざすならば、私たちはそれ以上、何も学ぶことができなくなります。しかし神秘学の訓練では、学ぶことそのものが重要な意味をもっています。私たちは、徹底して、学ぼうとする意志をもたなくてはなりません。何かを理解することができないときには、それに対して批判的な見解を抱くよりも、まったく判断しないほうがよいのです。そして理解するのは、あとにとっておくのがよいのです。

認識の段階を高く登っていけばいくほど、私たちは、ますます敬虔な態度を静かに保持しながら耳を傾けなくてはならなくなります。物質的な世界における、通常の悟性や生活と結びついた活動と比較してみると、真理の認識や、霊的な世界のあらゆる営みや行動は、高次の領域では微妙で繊細なものであることがわかります。私たちの活動範囲が拡大すればするほど、それにあわせて、私たちが営む活動そのものもいっそう繊細なものになります。

ともすれば、私たちは高次の領域に関して、異なった「意見」を抱いたり、さまざまな「立場」をとったりしがちになります。しかし実際には、高次の真理に関してはただ一つの見解しか存在しません。努力と敬虔な感情をとおして真理を実際に直観できる段階まで上昇すると、私たちはこのような一つの見解にたどりつきます。十分な準備を怠ったまま、好みにあった表象や、通常の思考などに従って判断する人だけが、ただ一つの真実の見解から逸脱した、自分だけの意見をもつようになるのです。数学の定理に関してただ一つの思考だけが存在するのと同じように、高次の世界の事象に関しても、ただ一つの見解のみが存在します。しかしこのような「見解」にたどりつくためには、私たちはあらかじめ準備をしておかなくてはなりません。前もってこの点に注意をはらっておけば、神秘学の師が示す条件のなかに、理解できない要素を見出すことはなくなるでしょう。

「真理と高次の生命はすべての人間の魂のなかに存在している。すべての人間は自分で真理と高次の生命を見出すことができるし、また見出さなくてはならない」ということは無条件に正しいのです。ただし真理と高次の生命は深いところに存在しているため、私たちはさまざまな障害を取り除いたあとでようやく、真理と高次の生命を深い穴のなかから引き上げることができるようになります。どのようにしてそれを達成するのか、という点に関して助言できるのは、すでに神秘学の経験を積んだ人だけです。実際に神秘学では、このような助言が与えられます。神秘学は誰にも、真理を押しつけたりはしません。神秘学では、教義が教えられることもありません。神秘学は、一つの道だけを示します。もちろんすべての人間は（おそらくいくつもの受肉状態を経たあとで）このような道を自分の力で見出すことができるようになります。しかし私たちが神秘学の訓練を成し遂げると、このような道は短縮されます。私たちはそのことによって、早く目標となる地点にたどりつきます。そしてこのような地点に立ったとき、私たちは、人類の幸福と人類の進化が霊的な努力によって促進されるような世界において、ほかの存在たちとともに働くことができるようになります。

どのようにして高次の世界の経験を獲得するか、という点に関して、さしあたってお伝えしておかなくてはならない事柄は以上のようなものです。次の章では、このような進歩を遂げるあいだに人間の本質の高次の構成要素に（魂の有機体あるいはアストラル体と、霊あるいは思考体に）[6]何が起こるのか、ということについて解説しながら、ここまで述べてきた事柄の続きをお伝えしたいと思います。そうすれば私たちは、以上述べてきた事柄に新しい光を投げかけ、このような事柄により深く分け入っていくことができるようになるでしょう。

▼秘儀参入のいくつかの作用について

「神秘学を学ぶ人は、完全な意識を保ったまま訓練を行わなくてはならない」ということが、真の神秘学の原則の一つです。神秘学の学徒は、それがどのような作用を及ぼすのか、ということを自分で認識していない事柄に関しては、どのようなことも行ったり、訓練したりしてはなりません。だからこそ神秘学の師は、学徒に助言したり、指示したりするときには、このような助言や指示に従うと高次の認識をめざす人間の体や魂や霊に何が生じるのか、ということをいつも同時に教えるようにするのです。

ここでは神秘学の訓練が学徒の魂に及ぼす作用について、いくつかの事柄を解説したいと思います。ここで述べられるような事柄を知ることによって、私たちは初めて、完全な意識を保ったまま、超感覚的な世界の認識をめざす訓練に取り組むことができるようになります。そしてこのような人だけが、真の神秘学の学徒なのです。暗闇のなかを手探りで進んでいくような態度はすべて、真の神秘学の訓練においては厳しく禁じられています。目を見開いたまま訓練を行おうとしない人は、霊媒にはなれるかもしれませんが、神秘学的な意味における霊視者 Hellseher になることはできないのです。

ここまでの章で（超感覚的な認識の獲得に関して）述べてきた訓練をすると、まず初めに人間の魂の有機体のなかに、ある変化が生じます。このような魂の有機体を知覚できるのは、霊視者だけです。この魂の有機体は、霊的・魂的に光輝く雲にたとえることができます*原註1。そしてこの雲の中心に、人間の物質体が位置しています。このような魂の有機体のなかで、衝動や欲望や情熱や表象などが霊的な姿を現します。霊視者はたとえば感覚的な欲望を、この雲のなかで一定の形を取る、暗い赤みを帯びた光の放射のように感じ取ります。純粋で崇高な思考は、赤みがかった紫色の光の放射のように現れます。論理的な思考をとおして把握される明確な概念は、はっきりとした輪郭をもつ、黄色がかった姿をしているように感じられます。明晰でない頭に生じる混乱した思考は、あいまいな輪郭をもった像として現れます。一面的で、こりかたまったものの考え方をする人の思考は、明確ではあっても不活発な輪郭をもっているように見えます。また、自分以外の人間の考えに心を開いている人の思考は、動きがあり、たえず変化する輪郭をもっているように見えます。*原註2

魂の発達において先に進めば進むほど、私たちの魂の有機体はいっそう一定の規則に従って組織されるようになります。まだ発達していない魂的な生活を営んでいる人間の場合には、魂の有機体は混沌とした状態にあり、きちんと組織されていません。しかし霊視者は、このような組織されていない魂の有機体を前にしたときにも、周囲の世界からはっきりと際立っているものを知覚することができます。それは、頭の内部から物質体の中心まで伸びています。それはまるで、さまざまな器官を備えた、一種の自立した体のように見えます。

霊視者は、以下のような器官を、それぞれに対応する物質体の部位の近くに、霊的に知覚することができます。すなわち第一の器官は両目のあいだにあり、第二の器官は喉頭の近くにあり、第三の器官は心臓の付近にあり、第四の器官はみぞおちの近くにあり、第五と第六の器官は下半身にあります。神秘学に精通している人びとはこれらを、「車輪（チャクラ Chakram）」あるいは「蓮華 Lotusblume」と呼んでいます。これらの器官は、車輪や花と形が似ているので、このように呼ばれます。ただし私たちは、「左右二つの肺をあわせて『肺翼 Lungenflügel（肺葉）』と呼ぶ場合と同じように、車輪や花といった表現は、かならずしも事実に合致しているわけではない」ということをはっきり理解しておく必要があります。肺翼が本当の「翼」ではないことが明らかなのと同じように、車輪や花も比喩的な表現にすぎない、ということを私たちはよくわきまえておかなくてはなりません。まだ発達を遂げていない人間の場合には、これらの「蓮華」は暗い色を帯びており、静止したまま動きません。しかし霊視者の場合には、蓮華は活動し、光輝くような色彩のニュアンスを帯びています。霊媒の蓮華に関しても、いくらか同じような現象が見られますが、性質は異なっています。この点については、ここでは詳しくは触れません。

神秘学の学徒が訓練を始めると、最初に蓮華が明るく澄んできます。そのあと蓮華は回転し始めます。蓮華が回転するようになると、霊視能力が生まれます。というのもこの「蓮華」は、魂の感覚器官だからです。*原註3 蓮華が回転するのは、その人が超感覚的なもののなかで知覚していることの現れです。アストラル的な感覚がこのようにして育成されるまでは、私たちは超感覚的なものを見ることはできません。

人間は喉頭の近くにある霊的な感覚器官をとおして、ほかの魂的な存在の思考の種類を霊視することができるようになります。また人間はこの感覚器官をもちいて、自然現象の真の法則をより深く洞察することができるようになります。

心臓の近くにある器官は、ほかの魂の心的態度を霊視的に認識させてくれます。この器官を形成した人はさらに、動物や植物の、より深い力を認識することもできるようになります。

人間はみぞおちの近くの霊的な感覚器官をとおして、魂の能力や資質を認識します。また人間はこの感覚器官をもちいて、動物や植物や鉱物や金属や大気の現象などが自然全体のなかでどのような役割をはたしているのか、ということも認識します。

喉頭の近くにある霊的な感覚器官には、十六の「花弁」あるいは「輻《や》」があります。

また心臓の近くにある霊的な感覚器官には十二の花弁（あるいは輻）、みぞおちの近くにある霊的な感覚器官には十の花弁（あるいは輻）があります。

ある特定の魂の活動が、これらの霊的な感覚器官の育成と関わりあっています。私たちは特定の方法で魂を活動させることによって、それに対応する霊的な感覚器官を育成する手助けをするのです。「十六弁の蓮華」のうち、八枚の花弁は太古の昔、人類の過去の進化段階においてすでに形成されていました。太古の人間がこれらの八枚の花弁を育成するために、何らかの働きかけを行うことはありませんでした。当時の人間は夢見るような鈍い意識状態のうちに、八枚の花弁を自然からの贈り物として受け取ったのです。この頃の人類の進化段階において、八枚の花弁はすでに活動していました。このときの花弁の活動は、鈍い意識状態とのみ結びついていました。そしてその後、人間の意識状態が明るくなるにつれて、花弁は暗くなり、活動を停止してしまいました。現在の人間は意識的な訓練をみずから行うことによって、過去に活動していた八枚の花弁以外の、残りの八枚の花弁を育成することができます。そうすれば蓮華全体が光を放ち、活動するようになります。人間が特定の能力を獲得することによって、十六枚の花弁がそれぞれ発達を遂げるのです。ただしすでに述べたように、十六枚の花弁のうち、人間が意識的に発達させることができるのは八枚だけです。そうすれば残りの八枚はおのずと姿を現します。

私たちは八枚の花弁を発達させるための訓練を、以下のように行います。私たちは、ふだんは注意をはらわないでいいかげんに扱っている、特定の魂的な営みに細かく注意を向けなくてはなりません。このような魂の状態は、あわせて八つあります。

第一の状態は、私たちが表象を獲得する方法と関わっています。通常の場合、私たちは外界に関する表象（イメージ）を獲得するとき、すべてを偶然にまかせています。私たちはさまざまなことを聞いたり、見たりし、それに従って自分自身の概念を形成します。このような方法で表象を獲得している限りは、私たちの十六弁の蓮華はまったく活動することはありません。私たちがみずからの表象に注意をはらうことをとおして、自分自身を育成する訓練に着手するとき、ようやく十六弁の蓮華は活動を始めるようになります。この場合、一つひとつの表象が、私たちにとって重要な意味をもつようにならなくてはなりません。私たちは、それぞれの表象のなかに、特定のメッセージや、外界の事物に関する情報を見出すようにします。私たちは、重要な意味をもたない表象に満足してはならないのです。私たちは、外界を忠実に映し出す鏡となるように、秩序立った概念を作り上げるようにします。そして正しくない表象は、私たちの魂から遠ざけるように努めます。

第二の魂の状態は、第一の状態と同じような意味において、私たちが下す決断と関係があります。

私たちはどのようなささいな事柄に関しても、根拠のある十分な考えに基づいて決断するように努めなくてはなりません。よく考えないで行う行動や、意味のない行為は、すべて私たちの魂から遠ざけるようにします。どのような行為にも、よく考え抜かれた根拠が必要です。そして意味のある根拠が見出せないような行為は、思いとどまるようにします。

第三の状態は話すことと関係があります。神秘学の学徒は、意味があることや、重要なことだけを話すようにしなくてはなりません。話すことのみを目的として言葉を語ると、学徒は正しい訓練の道からはずれてしまいます。話す内容がよく選ばれないまま、あらゆる雑多な話題がごちゃまぜに語られるような通常の会話を、神秘学の学徒は避けるようにします。ただしこの場合、ほかの人間とつきあわないようにすべきだといっているわけではありません。むしろほかの人間とつきあうときにこそ、学徒が話す言葉は、意味のあるものとなるように発達していくべきなのです。学徒はよく考え、あらゆる点を考慮に入れた上で、さまざまな事柄について語ったり、答えたりしなくてはなりません。学徒は根拠のない事柄については、けっして語らないようにし、さらに話す言葉が多すぎたり、少なすぎたりすることがないように気をつけます。

第四の魂の状態は、外に現れる行動を制御することと関係があります。神秘学の学徒は、ほかの人間の行動やまわりの世界の出来事と調和するように、自分自身の行動を整えるように心がけなくてはなりません。学徒は、ほかの人の妨げになったり、まわりで起こっている出来事と対立したりするような行動は控えるようにします。学徒は、みずからの行動がまわりの世界や自分が置かれている人生の境遇などに調和的に組み込まれるように、行為に一定の秩序をもたせます。それ以外の誘因によって行動するようにうながされる場合には、学徒は、どうすれば最良の方法でこのような誘因にふさわしい行為を行うことができるか、よく考えます。自分自身をよりどころとして行動するときには、学徒は、自分が行う行為がどのような作用を及ぼすことになるか、ということを可能な限り明確に考えます。

これに続く第五の魂の状態は、人生全体を整えることと結びついています。神秘学の学徒は、自然や霊に従って生きるように努めます。学徒はどのようなことをするときにも、過度に急いだり、怠けたりしないようにします。学徒は仕事をしすぎることも、怠惰な生活を送ることも避けなくてはなりません。学徒は生活を仕事のための手段と見なし、それに従って自分自身を整えていきます。学徒は、調和的な生活が生み出されるように、健康を管理したり、習慣を整えたりします。

第六の魂の状態は、人間の努力と関連があります。神秘学の学徒は自分自身の才能や能力について検討し、このような自己認識に基づいて行動します。学徒は、自分の力が及ばないことには手を出してはなりません。かといって学徒は、自分の力の範囲内にあることを、やらないですませてもなりません。その一方で学徒は理想や、人間の大いなる義務と関わる、みずからの目標を立てます。学徒は、何も考えないまま、一個の歯車のように人類という駆動装置に組み込まれることはありません。学徒はみずからの課題を理解し、日常的な事柄を超越したものに目を向けるように努めます。学徒は自分自身の義務をよりよいものに、より完全なものにするために努力します。

魂の生活の第七の状態は、人生から可能な限り多くのことを学ぼうとする態度と結びついています。どのような事柄も、人生に役立つ経験を集めるきっかけを与えないで、学徒のかたわらを通り過ぎていってはなりません。正しくない、不完全な方法で何かを行った場合には、それはのちに学徒が同じような事柄を正しく、完全に行うためのきっかけになります。また学徒は、同じような目的のためにほかの人の行動を観察します。学徒は経験を宝物のように豊富に集めて、どのようなことをするときにも、注意深く、この経験の宝物に照らしあわせて検討するようにします。何かをするときには、学徒は、決断したり、行動したりする上で手助けとなるような、過去の体験をかならずふりかえってみるようにします。

最後の第八の魂の状態において、神秘学の学徒はときどき自己の内面に目を向けなくてはなりません。学徒は自分自身のなかに沈潜したり、注意深く自分自身と語りあったり、みずからの人生の原則を作ったり、検討したり、自分が知っている事柄について思考したり、自分の義務についてよく考えたり、さらには、人生の内容と目標について熟考したりしなくてはなりません。

以上述べた事柄はすべて、これまでの章で述べてきたことと関わりがあります。しかしここでは、とくに十六弁の蓮華の発達と関連づけながら、これらの事柄について解説しました。このような訓練をすることによって、十六弁の蓮華はますます完全なものになります。なぜなら私たちの霊視能力の育成は、このような訓練によって影響を受けるからです。たとえば私たちが考えたり、語ったりする事柄が外界の事象と一致すればするほど、霊視能力はいっそう早く発達します。真実でないことを考えたり、語ったりすると、私たちは十六弁の蓮華のつぼみの一部を殺すことになります。このような観点から見て、誠実さや率直さや正直さは建設的な力として作用し、嘘や誤謬や不正直な態度は破壊的な力として作用します。神秘学の学徒は、ここでは「よい意図」だけではなく現実の行為そのものが重要な意味をもっている、ということを知っていなくてはなりません。たとえ自分ではよい意図を抱いているつもりでいても、現実と一致しない事柄について考えたり、語ったりすると、学徒はみずからの霊的な感覚器官の何かを破壊することになります。それは、たとえ無知から生じるとはいっても、火をつかもうとする子どもが火傷を負わないわけにはいかないのと同じことなのです。

以上見てきたような観点に沿って、私たちがこれらの八つの魂の状態を整えていくと、十六弁の蓮華は壮麗な色彩のうちに光を発し、法則に従った動きをするようになります。

ただしこの場合、私たちの魂がある特定の段階に到達するまでは、ここで述べているような霊視能力は現れない、ということはわきまえておいて下さい。私たちが自分の人生をこのような目標に向けて整えなくてはならないあいだは、霊視能力は現れません。先に述べたような八つの魂の状態に注意をはらわなくてはならないうちは、まだ私たちは成熟しているとはいえません。私たちが、ふだん習慣に従って生活しているのと同じように、先に述べたような方法で生活することができるようになったとき、ようやく霊視能力の最初の兆候が現れるのです。霊視能力が現れるときには、すでにこのような魂の状態は、苦労を伴うことのない、ごくあたりまえの生き方になっていなくてはならないのです。そのときには、私たちは、このような生き方をするようにたえず自分を観察したり、自分をせきたてたりしなくてすむような境地に達していなくてはなりません。すべては習慣にならなくてはならないのです。

私がここで述べた方法以外にも、十六弁の蓮華を別の形で育成する訓練方法が存在しますが、真の霊学においては、このような教えはすべて退けられます。なぜならこのような教えに従うと、結果的に私たちは体の健康をそこなって、道徳的に堕落することになるからです。このような訓練方法は、私が述べた事柄よりも、容易に実行に移すことができます。私が述べた訓練方法は時間がかかる上、骨が折れます。しかしこのような訓練は私たちを確実な目標へと導き、私たちのなかの道徳的な部分のみを強めてくれるのです。

蓮華をゆがめられた形で育成すると、ある種の霊視能力が現れる場合に、幻覚や空想的なイメージが現れるだけではなく、日常生活においても、誤謬や不安定な状態が生じるようになります。このような誤った訓練に手を染める人は、以前はそのような性質はまったく見られなかったのに、臆病になったり、嫉妬深くなったり、うぬぼれが強くなったり、人に対していばるようになったり、わがままになったりすることがあります。

すでに述べたように、十六弁の蓮華のうち、八枚の花弁はすでに太古の昔に発達を遂げました。神秘学の訓練をすると、この八枚の花弁はおのずと、ふたたび姿を現すことになります。訓練に取り組む際に、神秘学の学徒は、過去に発達させておかなかった残りの八枚の花弁を育成することに、すべての注意を向けなくてはなりません。誤った訓練に手を染めると、過去に発達した八枚の花弁だけが安易に姿を現し、新しく育成しなくてはならない八枚の花弁は成長しないままになります。このような事態は、とくに訓練に取り組むにあたって、論理的で理性的な思考を軽視しすぎる場合に生じます。神秘学の学徒が思慮深い人間であること、明晰な思考を尊重する人間であることが、ほかの何にもまして重要な意味をもっています。また、言葉を話すときには、可能な限り明晰さを保つように努めることが大切です。超感覚的なものを感じ始めると、学徒は超感覚的な事柄について、つい人に喋りたくなりますが、人に話すことによって、学徒自身の正しい成長は妨げられてしまいます。超感覚的な事柄に関してはできるだけ人に話さないようにすればするほど、訓練はよい方向に進みます。ある程度まで明晰な思考を身につけてから、ようやく学徒は超感覚的な事柄について人に話すことが許されるのです。

神秘学の修業が始まると、霊的な訓練を積んだ師が学徒の体験について話を聞いても、ほとんど「好奇心」を示さないので、学徒は驚きを覚えます。学徒にとっては、自分が体験したことに関しては完全に沈黙を守り、師には、「課せられた訓練を実行し、指示に従うのに成功したか、失敗したか」ということだけを語るようにするほうが、はるかにためになります。というのも、すでに霊的な訓練を体験した師は、本人が直接報告する事柄以外にも、学徒の進歩の程度を判断する材料をもっているからです。

十六弁の蓮華のうち、霊的な訓練をとおして育成される八枚の花弁は、本来はつねに柔らかくしなやかに保たれなくてはならないのですが、学徒が体験を人に喋ると、これらの花弁はかならずいくらか硬化してしまいます。この点について説明するために、ある例を挙げてみたいと思います。わかりやすくするために、この例は超感覚的な生活からではなく、日常生活からとってくることにしましょう。

たとえば私がある情報を耳にして、それに関してすぐにある判断を下すとします。その後まもなく私は、同じ事柄に関して、最初に聞いた事柄とは食い違っている、第二の情報を受け取ります。そのために私は、先に自分が下した判断を訂正しなくてはならなくなります。その結果、私の十六弁の蓮華はよくない影響を受けます。この場合、私が判断のための確実な根拠を得るまで自分で判断を下すのをさし控えて、内面的な思考においても、外に向かって発する言葉においても、このような事柄全体に関して「沈黙」を守っていたならば、事態はまったく別のものになっていたことでしょう。神秘学の学徒は少しずつ、「判断を下したり、それを言葉にしたりすることに関して慎重になる」という特別の性質を身につけなくてはなりません。判断を下さなくてはならないとき、可能な限り多くの判断材料を集めるために、沈黙を守ったまま印象や経験を受け取るようにすると、学徒はさまざまな印象や経験を敏感に感じ取ることができるようになります。このような慎重な態度を守ると、蓮華の花弁に青みがかった赤色、あるいは淡紅色の色あいが現れます。一方このような慎重さを失うと、蓮華の花弁に暗い赤色やオレンジ色の色あいが現れることになります。

心臓の近くにある十二弁の蓮華も、十六弁の蓮華と同じようにして育成されます。[*原註4] 十二弁の蓮華も、花弁全体のうち半分は人類の過去の進化状態においてすでに存在し、活動していました。ですからこ

働きかけると、この六枚の花弁はおのずと姿を現し、回転を始めます。このような十二弁の蓮華の発達を促進するために、私たちはここでも意識的な方法で、魂の活動を特定の目標に向けなくてはなりません。

ここで、私たちが個々の霊的・魂的な感覚をとおして知覚する内容は、それぞれ異なった性格を帯びている、ということを理解して下さい。十二弁の蓮華は私たちに、十六弁の蓮華とは異なった知覚内容を伝えます。私たちは十六弁の蓮華をとおして形態を知覚します。私たちは十六弁の蓮華をとおして、ある人間の魂がどのような種類の思考を抱くか、ということや、ある自然現象がどのような法則に従って生じるか、といったことを、形態として知覚するのです。ただし私たちはそれを、硬化した動かない形態としてではなく、生命に満たされた活動的な形態としてとらえます。このような感覚を発達させた霊視者は、さまざまな種類の思考や自然法則が現れるときの形態について、正確に描写することができます。

たとえば誰かに復讐しようとする思考は、矢のような、ぎざぎざにとがった姿をしています。善意にあふれた思考は、しばしば開く花の形をとります。意味のある明晰な思考は、一定の規則に従った、均整のとれた形をしています。また、漠然とした概念はちぢれたような輪郭をしています。

十二弁の蓮華をとおして現れるのは、これとはまったく別の知覚内容です。「魂の暖かさ」と「魂の冷たさ」と表現すれば、私たちは、十二弁の蓮華による知覚の特徴をおおまかに描き出すことができるでしょう。このような感覚を身につけた霊視者は、十六弁の蓮華をとおして知覚する形姿から、魂の暖かさや魂の冷たさが流れ出してくるのを感じ取ります。ここでかりに、ある霊視者が十六弁の蓮華だけを備えていて、十二弁の蓮華は発達させていないと想像してみて下さい。その場合霊視者は、善意にあふれた思考に接したときに、先に述べた、開く花のような形姿しか見ることはできません。これに対して、十六弁の蓮華と十二弁の蓮華の感覚をともに発達させた人は、このような善意にあふれた思考から、「魂の暖かさ」としかいい表せないものが流れ出してくるのに気づきます。ついでにお断わりしておきますと、実際の神秘学の訓練では、一つの感覚だけが別の感覚を抜きにしたまま育成されることはありません。ですからここで述べたことは、あくまでもわかりやすく説明するための仮定の話だと考えて下さい。

十二弁の蓮華を育成することによって、霊視者は自然の事象を深く理解することができるようになります。成長や発展と結びつくあらゆるもののなかから、魂の暖かさの感じが流れ出してきます。一方、消滅したり、崩壊したり、没落したりするものはすべて、魂の冷たさの性格を帯びて姿を現します。

私たちはこのような感覚を、以下のような方法で育成します。

この点に関して神秘学の学徒が守るべき第一の条件は、自分自身の思考の流れを支配すること（思考の制御）です。十六弁の蓮華が、意味のある真の思考をとおして発達するのと同じように、十二弁の蓮華は、私たちが思考の流れを内面的に支配することによって成長します。意味のある論理的な思考に基づいていない、ただ偶然にまかせて結びつく不安定な思考は、十二弁の蓮華の形態をそこないます。学徒がある思考に別の思考を正しくつなげるようにし、論理的でない思考はすべて避けるようにすると、このような霊的な感覚器官はふさわしい形態を取るようになります。ある人が論理的でない考えを語るのを耳にしたときには、神秘学の学徒は、すぐに正しい思考を自分の頭のなかで展開させるようにします。ただしこのとき、自分自身の霊的な発達を促進するという目的のために、神秘学の学徒が愛情を欠いたまま、論理的でないからという理由で自分を取り巻く世界を避けるようなことがあってはなりません。また学徒は、自分のまわりの人が抱く論理的でない思考をすぐに訂正しようとする衝動を抱いてはなりません。学徒は自己の内面において平静さを保ちながら、外から自分のほうにやってくる思考を論理的で意味のある方向へと導くようにするべきなのです。そして学徒は、あらゆる事柄に関して、自分自身の思考をこのような目標に向かわせるように努めます。

第二の条件は、思考の場合とまったく同じような首尾一貫性を、行為においても保持すること（行動の制御）です。気まぐれな行動や調和を欠いた行為は、十二弁の蓮華をそこないます。ある行動を取ったあとで、神秘学の学徒は最初に行った行為と論理的なつながりをもたせるようにしながら、第二の行為を行わなくてはなりません。昨日とは別の気持ちを抱いて今日の行動を取る人は、ここで述べているような感覚を育てることはできません。

第三の条件は、ねばり強さの育成です。神秘学の学徒は、目標を正しいものと認めることができる限りは、何らかの影響によって、自分が立てた目標を達成するのをあきらめることはありません。神秘学の学徒にとってさまざまな障害は、それを克服するためのうながしとなることはあっても、目標の達成を中止する理由となることはないのです。

第四の条件は、人間や、ほかの存在や、さまざまな事実に対する寛大な態度（寛容さ）です。神秘学の学徒は、不完全なものや悪いものやよこしまなものを批判しすぎないように努め、自分のほうにやってくるものをすべて理解するように心がけます。太陽がよこしまなものにも、悪いものにも、いつも光を投げかけるのと同じように、学徒はよこしまなものや悪いものに対して、つねに理解にあふれた思いやりの気持ちを抱きます。自分の身に災難が生じたときには、学徒は否定的な判断ばかり下さないで、必然的に生じたことは受け入れ、力の及ぶ限り、事態をよい方向に向けるように努めます。学徒は、自分自身の観点からほかの人の考えについて考察するだけではなく、相手の立場に立って考えることを試みます。

第五の条件は、人生のさまざまな現象に対するとらわれない態度です。そこには、人生のさまざまな現象に対する「信念」や「信頼」も含まれています。神秘学の学徒は信頼の気持ちを抱きながら、すべての人間や存在と接します。そして行動する際には、このような信頼の気持ちを自分自身のなかにみなぎらせるようにします。人の話を聞くときにも、学徒は、「いままでの私の考えに反するので、私はそれを信じない」とは考えません。学徒はどのようなときにも、新しい考えに基づいて、すすんで自分自身の意見や見解を検討したり、修正したりすることができなくてはなりません。学徒はいつも、自分が出会うあらゆるものを受け入れます。そして学徒は、自分自身の行為が生み出す作用を信頼します。学徒は、みずからの性格のなかから臆病さや猜疑心をなくすように努めます。ある目標を達成しようという意図を抱くときには、学徒はこのような意図そのものの力を信頼します。たとえ百回失敗したとしても、学徒は信じることをやめません。それはまさに、「山を別の場所に動かすことができるほどの信念[7]」なのです。

第六の条件は、ある種の人生の均衡状態（平静さ）を獲得することです。神秘学の学徒は、苦しいことが起きても、うれしいことがあっても、つねに安定した気分を保つように努めます。学徒は、「天にも昇る心地で歓声を挙げたり、死ぬほど落ち込んだり[8]」といった両極端のあいだを揺れ動く性癖を改めるようにします。学徒は、幸運や人からの助けだけではなく、不幸や危険を受け入れる心の準備もできていなくてはならないのです。

霊学に関する本をよく読んでおられる方は、私が以上のように述べてきた事柄は、霊学の文献で、秘儀参入をめざして努力する人が自分のなかで育てなくてはならない「六つの特性」として挙げられている事柄と同じものであることに気づいておられることでしょう。以上の記述においては、私は六つの特性について、十二弁の蓮華と呼ばれる魂の感覚器官と関連づけながら解説しました。

このほかに神秘学の訓練においては、十二弁の蓮華を成熟させるための特別の指示を与えることも可能です。しかしその場合も、このような魂の感覚器官の秩序立った形態を育成するためには、私たちは、先に挙げた六つの特性を発達させなくてはなりません。私たちが六つの特性を育てるように心がけないと、この魂の感覚器官はいびつな姿に形成されてしまいます。そうなると、私たちが特定の霊視能力を育成するときに、これらの特性は善ではなく悪のほうに向かう可能性があります。このような状態に陥った人は、まわりの世界に対して寛容さを失い、臆病になり、拒絶的な態度を示すようになります。たとえばその人は、ほかの人間の魂の状態を敏感に感じ取りますが、そのためにかえってほかの人を避けたり、憎んだりするようになります。また自分とは反対の意見に出会うと、その人の魂のなかには冷ややかなものが生じ、そのためその人はまったく相手の話に耳を傾けることができなくなったり、相手を拒否するような態度を取ったりします。

以上述べてきたようなすべての事柄に加えて、さらに神秘学の学徒が、師から口頭でのみ受け取ることが許される特定の指示を守るなら、それだけ蓮華の発達は速まります。しかし以上述べた指示を守るだけでも、すでに学徒は、事実上、神秘学の訓練を開始していることになります。また神秘学の訓練に取り組む意志のない人（あるいは取り組むことが不可能な人）にとっても、ここで述べたような観点に沿って自分の人生を整えることによって、有益な結果がもたらされます。この場合、たとえゆっくりとしたものであっても、人間の魂の有機体にはかならず影響が現れます。そして神秘学の学徒は、これらの原則を絶対に守らなくてはなりません。

これらの原則を守らないで神秘学の訓練を行おうとすると、学徒は不完全な思考の目をたずさえたまま高次の世界に足を踏み入れることになります。そのとき学徒は、真理を認識することができなくなり、錯覚と幻想のみに身をゆだねてしまいます。確かに学徒は、ある意味においては霊視することができるようになるでしょう。しかし基本的には、学徒は以前よりももっと目が見えなくなります。

というのも、学徒は以前には少なくとも感覚世界のなかにしっかりと立ち、感覚世界に特定のよりどころを見出すことができたのに、いまでは学徒は、感覚世界の背後にあるものを見ることによって、高次の世界のなかで、しっかりとした足がかりを見出せないまま、迷子になってしまうからです。そうなると学徒は真実を誤謬と区別することができなくなり、人生において進むべき方向をすべて見失ってしまいます。

まさにこのような理由で、神秘学の訓練には忍耐が絶対に必要なのです。「霊学の師は、学徒がみずからすすんで『蓮華』を規則正しく発達させることができないようなことを指示してはならない」ということを、私たちはいつも念頭に置いておかなくてはなりません。穏やかな方法でふさわしい形態を獲得する前に、蓮華が成熟させられると、実際にいびつな蓮華の形態が発達していくことになります。霊学で伝えられる特別の指示をとおして蓮華は成熟しますが、蓮華の形態そのものは、すでに述べたような生活方法のみによって生み出されるのです。

十弁の蓮華を発達させるのに必要とされる魂の育成は、とくに繊細な性格を備えています。なぜなら、この場合、私たちは感覚的な印象を意識的な方法で支配することを学ばなくてはならないからです。初歩の段階にいる霊視者は、とくにこのような特性を身につけておく必要があります。そうすることによってのみ、初歩の段階にいる霊視者は無数の錯覚や、好き勝手に抱く霊的な幻想を避けることができるようになります。通常の場合、私たちは、「自分の思いつきや記憶はどのような事柄によって支配されているのか。それは何によって呼び起こされるのか」ということをまったく理解していません。次のようなケースを想定してみましょう。

ある人が汽車に乗っているとします。その人は、一生懸命ある事柄について考えています。すると突然、その人の思考はまったく別の方向に向かいます。その人は何年も前に体験した事柄を思い出して、この体験を自分のいまの思考と結びつけます。しかしその人は、自分の目が窓の外を見て、視線がある人物に向けられていたことにまったく気づきませんでした。窓の外にいたこの人物は、いま思い出した体験と関わりがある、別の人物と似ていました。自分が見たものはこの人の意識のなかにはまったく現れず、その作用だけが意識化されたのです。そのためこの人は、自分はこのような事柄を「おのずと思いついた」と信じています。

人生においては、多くのことがこのような形で生じています。私たちが経験したり、読んだりした事柄は、その関連が意識化されないまま、人生に多くの作用を及ぼしています。たとえばある人が、特定の色がいやでしかたがないとします。しかしその人は、「その色が好きになれないのは、何年も前に自分を苦しめた先生が同じ色の上着を着ていたからである」ということをまったく知りません。数多くの錯覚がこのような関連から生じます。じつに多くの事柄が、意識化されないまま、私たちの魂に印象を与えているのです。

そのため、たとえば次のようなケースが生じることもあります。ある人が、有名な人物の死を伝える新聞記事を読んだとします。その人は、「死に関する思考を生じさせる可能性があるものは何も聞いたり、見たりしなかったのに、私はこの人の死をすでに『昨日のうちに』予感していました」と、確信をもって主張します。「その人物は死ぬだろう」という考えが「昨日」、「おのずと」その人の頭に浮かんだのは事実です。ただしその人が注意をはらっていないことが、一つだけあります。その人は、「昨日」そのように考える前に、数時間、知人の家にいました。そのときテーブルの上には新聞が載っていました。その人は新聞を読みませんでしたが、その人の目は無意識のうちに、この有名人物が重い病気にかかっているというニュースをとらえていました。その人がこのとき受けた印象を意識しなかったにもかかわらず、その影響は「予感」となって現れたのです。

以上のような事柄についてよく考えてみると、錯覚や空想のみなもとは、このような無意識的なつながりのなかにあることがわかります。十弁の蓮華を育成しようとするならば、私たちはこのような幻想や空想のみなもとに栓をしてふさがなくてはなりません。私たちは十弁の蓮華をとおして、深いところにひそんでいる、さまざまな魂の特性を知覚することができるようになりますが、このようにして知覚した内容は真実である、と認めることができるのは、私たちがすでに述べたような錯覚から完全に自由になったときだけなのです。このような目標に到達するためには、私たちは外界から作用を及ぼしてくるものを支配しなくてはなりません。つまり私たちは、受け取りたくない印象は実際に受け取らないことができるようにならなくてはなりません。このような能力は、強固な内面生活をとおしてのみ、育成することができます。私たちは意志を訓練することによって、自分が注意を向けている事柄の作用のみを受け取るようにします。私たちはみずからの意志で注意を向けている事柄の印象以外は、避けなくてはなりません。私たちは自分が見ているものは、実際に見ようとしなくてはなりません。また自分が注意を向けないものは、私たちにとって、事実上存在しないようにならなくてはなりません。魂の内面的な活動がエネルギッシュで生き生きとしたものになればなるほど、私たちはいっそう、このような目標を達成できるようになります。

神秘学の学徒は、思考しないまま、ぼんやり物思いにふけったり、眺めたりすることがないようにしなくてはなりません。学徒にとっては、自分が耳や目を向けている事物だけが存在しなくてはなりません。学徒は、聞きたくないときには、すさまじい喧騒のなかにいても何も聞こえなくなるように、自分を訓練します。また意識的に視線を向けている事物以外のものは、見ないようにします。学徒はあらゆる無意識的な印象に対して、自分のまわりに魂的な壁を築かなくてはならないのです。

神秘学の学徒はこのような目標に向けて、とくに思考の営みを念入りに整えていかなくてはなりません。たとえばある事柄について考えようとするときには、学徒は意識的に、完全な自由を保持しながら、この思考と結びつけることが可能な思考のみをさらにつなげていくようにします。好き勝手な思いつきは退けます。そして、その思考を何か別の思考と関連づけようとするときには、注意深く、どこでこの別の思考が最初の思考と結びつくのかを考えます。

さらに学徒は先に進みます。たとえばある事物に反感を抱くときには、この反感を押さえて、この事物と意識的な関係を築くように試みます。そうするうちに、無意識的な要素が学徒の魂的な生活のなかに混ざり込むことは、しだいに少なくなってきます。このように自分自身を厳しく育成することによって、十弁の蓮華は本来取るべき形態を獲得します。神秘学の学徒は、いつも注意深く生きるように、魂的な生活を整えなくてはなりません。学徒は自分が注意を向けたくないもの（あるいは注意を向けるべきではないもの）は、実際に自分から遠ざけることができなくてはなりません。

このようにして自分自身を育成しながら、さらに霊学の指示に従って瞑想を行うならば、みぞおちのあたりにある十弁の蓮華は正しい方法で成熟していきます。そうなると、私たちがすでに述べたような霊的な感覚器官をとおして形態と暖かさとしてのみとらえていたものが、霊的な光や色彩を帯びるようになります。そうなると、たとえば魂の資質や能力、自然のなかの力や隠れた特性が姿を現します。またそのことによって生命存在の色彩のオーラが現れ、私たちのまわりに存在するものは、その魂的な特性を明らかにします。

すでにおわかりのように、このような領域において霊的に進歩する際には、私たちは最大限の注意をはらわなくてはなりません。なぜならこの領域では、私たちのなかの無意識的な記憶が、とても活発に、遊戯的に作用するからです。もしそうでなかったら、多くの人がここで述べているような霊的な感覚をすでに獲得しているはずです。私たちが自分の意志で対象に注意を向けたり、向けなかったりすることをとおして物質体の感覚と結びついた印象を支配できるようになると、ほとんどすぐに、このような霊的な感覚が現れます。外界に向けられた物質体の感覚の力によって弱められ、鈍らされているあいだは、このような霊的な感覚は活動しません。

私たちの体の中央に位置する六弁の蓮華を発達させるのは、十弁の蓮華を育成するよりも困難です。なぜなら六弁の蓮華を育てるためには、私たちは体と魂と霊が完全に調和するように、自己意識を強めることによってみずからの人間全体を完全に支配しなくてはならないからです。私たちは体の活動と、魂の好みや情熱と、霊の思考や理念を、おたがいに完全に調和させるようにしなくてはなりません。私たちが体を崇高で純粋なものに変化させると、体の器官が、魂と霊に仕える以外の事柄に私たちを駆り立てることはなくなります。私たちの魂が体によって、純粋で崇高な思考と対立するような欲望や情熱へと駆り立てられることがあってはなりません。また私たちの霊は、命令と掟を一方的に押しつけて奴隷を管理する主人のように、霊的な義務の命令と掟によって魂を支配すべきではありません。神秘学の学徒は、いやいや義務に従うのではなく、それを愛するからこそ義務をはたすようにならなくてはならないのです。

神秘学の学徒は、感覚的なものと霊的なもののあいだで均衡を保つ、自由な魂を発達させなくてはなりません。学徒は、自分を低いレベルまで引きずりおろす力がなくなるまで感覚的なものを純化し、みずからの感覚に安心して身をゆだねることができるようにならなくてはなりません。学徒は、自分のなかの情熱がおのずと正しいものに従うので、もはやそれを抑制する必要すらなくなるような境地に身を置くべきです。禁欲する必要があるあいだは、神秘学の学徒は、一定の段階まで到達することはできません。神秘学の学徒にとって、自分に強要しなくてはならないような徳性には、ほとんど価値はないのです。

欲望が存在している限りは、どれほどそれに屈しないように努めたとしても、学徒は欲望によって妨害されます。欲望が体と魂のどちらに属していようと、違いはありません。たとえばある人が快楽を遠ざけることによって自分自身を純化するために、特定の刺激物を避ける場合には、このような節制は、それによって体がまったく負担を感じなくなるならば、それは体がその刺激物を欲していないときにのみ、効果があります。少しでも負担を感じるならば、それは体がその刺激物を欲していることの現れです。この場合、無理に節制したとしても、何の意味もありません。このようなときには、学徒はとりあえずめざしている目標に到達することを断念して、より恵まれた感覚的な状況が現れるまで（もしかするとそのような状況は、次の地上での人生において、ようやく現れるかもしれません）待つほうがよいでしょう。場合によっては、現在の状況で達成できないことを無理に得ようとするよりも、理性に従って諦めるほうが、はるかに大きな成果がもたらされます。強引に目標に到達しようとするのではなく、むしろ理性的に断念することによって、学徒の進歩は促されるのです。

六弁の蓮華を発達させると、私たちは高次の世界に属する存在たちと交流できるようになります。ただしそれが可能になるのは、この存在たちが魂の世界に姿を現す場合だけです。神秘学の訓練では、学徒がみずからの霊をより高次の世界まで高めていく過程において進歩を遂げるまでは、六弁の蓮華を発達させることをすすめません。学徒はつねに、真の霊的な世界に足を踏み入れるのと平行して、六弁の蓮華を育成するようにしなくてはなりません。もしそのようにしないと、学徒は混乱に陥り、動揺することになります。この場合、学徒は霊的に見ることは学ぶかもしれませんが、自分が見たものを正しく判断する能力を備えていないのです。

六弁の蓮華の育成のために求められる訓練をすることによって、学徒はもはや混乱に陥ったり、支えを失ったりすることはない、ということが保証されます。なぜなら感覚（体）と情熱（魂）と理念（霊）の完全な均衡を獲得した人間を、このような混乱状態に陥らせることは困難だからです。しかしながら私たちが六弁の蓮華を発達させることによって、体の感覚をとおしてとらえられる世界とはまったく別の世界に住む生命と自立性を備えた存在たちを知覚するときには、このような保証以上のものが必要になります。感覚的な世界とは別の世界に確実なよりどころを見出すためには、蓮華を育成するだけでは不十分であり、私たちはさらに高次の器官を自由に使うことができなくてはならないのです。

次に、このような高次の器官の育成について述べることにします。そうすればさらに、そのほかの蓮華や魂体の組織*原註5について解説することもできるでしょう。

＊　＊

ここまで述べてきたような方法で魂体を育成することによって、私たちは超感覚的な現象を知覚することができるようになります。しかし実際にこのような世界において、自分の進む道をはっきり見出したいのならば、私たちはこのような発達段階で立ち止まってはなりません。蓮華がただ動くだけでは、まだ不十分です。私たちは、自分自身の霊的な器官の動きを完全に意識的に制御し、支配できるようにならなくてはなりません。そうしないと私たちは、球技のボールのように、外からくる作用や力に翻弄されることになります。

そうならないようにするためには、学徒はいわゆる「内面の言葉」を聞き取る能力を身につけなくてはなりません。この段階に到達するためには、学徒は魂体だけではなく、エーテル体(9)も発達させる必要があります。エーテル体とは、霊視者の前に物質体の一種のドッペルゲンガー Doppelgänger（分身）として現れる、あの繊細な体にほかなりません。エーテル体は、いわば物質体と魂体の中間の段階にあります。*原註6 霊視能力を備えている人は、まったく意識的に、自分の前にいる人間の物質体を見ないようにすることができます。つまり霊視者は、低次の段階で行われる注意力の訓練を、より高次の段階で行うのです。低次の訓練において、私たちが目の前にある事物から意識的に注意をそらして、自分にとってあたかもそれが存在しないようにすることができるのと同じように、霊視者は物質体を知覚のなかから完全に消し去り、自分にとって物質体が完全に透明になるようにすることができます。向きあっている人間の物質体を知覚のなかから消し去ると、霊視者の魂の目の前に、魂体とエーテル体が残ります（魂体は物質体やエーテル体よりも大きく、しかもこの二つの体を貫いています）。エーテル体は、物質体とほぼ同じ大きさと形をしています。そのためエーテル体は、物質体が存在しているのとほとんど同じ空間を満たしています。エーテル体はきわめて繊細に、精緻に組織された形成物です。*原註7 エーテル体の基本的な色は、虹を構成する七つの色とは異なっています。エーテル体を観察できる人は、感覚的に観察するときには存在しない色と出会うことになります。このようなエーテル体の色は、咲き始めたばかりの桃の花の色にたとえることができるでしょう。エーテル体そのものだけを観察しようとするならば、私たちは、先に述べた高次の注意力の訓練をとおして、観察しているもののなかから、魂体と結びついた現象を消し去らなくてはなりません。そうしないとエーテル体の姿は、エーテル体に深く浸透している魂体の影響によって、変化してしまいます。

人間のエーテル体を構成する要素は、たえず動いています。きわめて多くの流れが、あらゆる方向に向かってエーテル体を貫いています。このような流れによって、生命は維持され、制御されています。生きている物質体はすべて、このようなエーテル体を備えています。植物と動物も、エーテル体を備えています。注意深く観察すれば、鉱物にすら、エーテル体の徴候を認めることができます。

人間が物質体の心臓や胃の活動を自由意志によって支配できないのと同じように、このようなエーテル体の流れと動きは初めのうちは、人間の意志や意識からは完全に自立しています。

私たちが超感覚的な能力を身につけるための訓練を始めないうちは、エーテル体の流れと動きは、私たちから独立しています。そしてある高次の発達段階に到達すると、私たちは、意識から独立しているエーテル体の流れと動きに、私たち自身が意識的に生み出す要素をつけ加えるようになります。

先に述べたような蓮華が活動を始める段階まで神秘学の訓練が進むと、学徒はすでに、自分自身のエーテル体のなかに一定の流れと動きを生じさせるための準備をいくつか完了したことになります。この場合の目標は、物質体の心臓の付近に一種の中心点を形成することにあります。この中心点から、さまざまな流れと動きが多種多様な霊的な色彩と形態を取って現れます。実際にはこの中心点は単なる点ではなく、とても複雑な形成物、あるいは驚嘆すべき器官なのです。それはありとあらゆる色彩を帯びて霊的に輝き、さまざまに色あいを変えながら、秩序ある形態を示します（この形態はすばやく変化することもあります）。そしてそのほかの形態や色彩の流れが、この器官からエーテル体のさまざまな部分に向かって流れていき、さらにこれらの部分から魂体全体へと浸透し、魂を輝かせます。そのなかでもっとも重要な流れは蓮華のほうに向かいます。この流れは一枚一枚の蓮華の花弁を貫き、花弁の回転を制御します。そしてさらに、この流れは花弁の先端から外へと流れ出し、外部の空間に消えていきます。人間が進歩すればするほど、この流れが広がる範囲は大きくなります。

十二弁の蓮華は、このようなエーテル体の中心点と特別に近い関係にあります。エーテル体の中心点から生じる流れは、直接十二弁の蓮華のなかに注ぎ込みます。この流れは十二弁の蓮華を通り抜けてから、一方においては十六弁と二弁の蓮華のほうに、他方においては（つまり下のほうでは）八弁と六弁と四弁の蓮華[10]のほうに向かって進んでいきます。このような組織の構造に目を向けると、神秘学の訓練をするときになぜ十二弁の蓮華の育成に特別に配慮しなくてはならないのか、その理由が理解できます。もしも十二弁の蓮華に何かが欠けていると、組織の育成全体が無秩序なものになってしまうのです。

以上述べたことから、神秘学の訓練は繊細で奥深い性質を備えているため、すべてを適切な方法で発達させたいのならば、私たちは神秘学の訓練を厳密に行わなければならないことが明らかとなります。またこの点を認識することによって、私たちは、「超感覚的な能力を育成するための指導をすることができるのは、学徒が訓練しなくてはならないことをすべて自分で体験した上で、自分が出す指示が本当に正しい結果を生み出すかどうかを、はっきりと認識している人だけである」ということも理解します。

与えられた指示に従って訓練を行うと、神秘学の学徒は、人間が属している世界の法則や進化のプロセスと調和する流れや動きを、みずからのエーテル体にもたらすことができるようになります。だからこそ神秘学で伝えられる指示は、つねに世界の進化の偉大な法則を映し出しているのです。神秘学の指示の本質は、先に解説したような（あるいはそれに類似した）瞑想（メディテーション）や集中（コンセントレーション）の訓練にあります。適切な方法で行われると、このような瞑想や集中力の訓練は、すでに述べたような作用をもたらします。神秘学の学徒はある時期に、自分自身の魂のなかに訓練の内容を完全に受け入れ、みずからの内面を訓練の内容で満たさなくてはなりません。この訓練をするにあたって、学徒はとくに頭部の悟性的で理性的な思考を深めて内面化するのにふさわしい、単純な事柄から始めます。この訓練によって、悟性的で理性的な思考はあらゆる感覚的な印象や経験から自由になり、独立するようになります。思考は、人間が完全に自分で支配することができる一点に集められます。このことによって、エーテル体の流れの一時的な中心点が作り出されます。この中心点は最初のうちは心臓の付近にではなく、頭部に作られます。霊視してみると、この中心点はさまざまな動きが生じる出発点として姿を現します。

まず最初に頭部の中心点を作り出すことによってのみ、神秘学の訓練は完全な成功をおさめます。最初からいきなり心臓のあたりに中心点が移される場合には、初歩の段階にいる霊視者は、ある程度まで高次の世界を覗き込むかもしれませんが、高次の世界と、私たちが生きている感覚的な世界の関係を正しく洞察することはできません。世界の現在の進化段階を生きている人間には、高次の世界と感覚的な世界の関係を認識することが絶対に必要です。霊視者は夢想家になってはなりません。霊視者は足の下に、しっかりとした大地を踏みしめなくてはならないのです。

頭部の中心点は、適切な方法で確実に形成されたあとで、さらに下のほうに、つまり喉頭のあたりに移されます。私たちは集中の訓練をさらに行うことによって、中心点を喉頭のあたりに移すことができます。するとすでに述べたようなエーテル体の動きが、この喉頭のあたりから光を発するようになります。このエーテル体の動きは、その人のまわりの魂的な空間を照らし出します。

さらに訓練を続けると、神秘学の学徒はエーテル体の状態を自分で決定することができるようになります。それまでは学徒のエーテル体の状態は、外からやってくる力や物質体から生じる力によって影響を受けていました。しかしより霊的に進歩すると、学徒はエーテル体をあらゆる方向に向けることができるようになります。このような能力は、ほぼ両手に沿って走り、目の付近にある二弁の蓮華に中心点をもつ流れによって呼び起こされます。この現象は、喉頭から発する光が丸みを帯びた形態を取り、そのうちのいくつかが二弁の蓮華へと伝えられ、さらにこの蓮華から波状の流れとなって両手に沿って進んでいくことによって生じます。

それに続いて、この流れはきわめて繊細に分化し、枝分かれして、網のような形になります。それは網状の組織（網状の外皮）のように、エーテル体全体と外界の境い目を示す膜へと姿を変えていきます。それまでエーテル体には外界との境い目がなかったため、生命の流れは普遍的な生命の海から直接出たり入ったりしていましたが、いまでは外からの作用は、まずこのエーテル体の膜を通過しなくてはならなくなります。そのことによって私たちは外の流れを感じ取るようになります。私たちは外界の生命の流れを知覚できるようになるのです。

ようやく、私たちが流れと動きの組織全体に、心臓の付近の中心点を作るときがやってきました。私たちは集中と瞑想の訓練を続けることによって、このような心臓の付近の中心点を生み出すことができます。そしてこのとき同時に、私たちは「内面の言葉」を受け取る段階にも到達したことになります。私たちにとって、すべての事物は新しい意味を帯びます。私たちは、事物のもっとも奥深い本質を霊的に聞き取ることができるようになります。事物は真の本質のなかから私たちに語りかけます。先に述べたような流れが、私たち自身が属している世界の内面と私たちを結びつけます。私たちは周囲の世界の生命の営みに加わり、それを蓮華の動きのなかで鳴り響かせることができるようになります。

それとともに私たちは霊的な世界に足を踏み入れます。ここまでくると、私たちは人類の偉大な教師が語ったことを、新たに理解できるようになります。このときからブッダの言葉や福音書などは、新しい形で私たちに作用を及ぼします。これらの言葉は、いままで予感したこともないような幸福感で私たちを満たします。というのも、これらの言葉の響きは、私たちがみずからのうちに生み出した動きやリズムに従っているからです。私たちは、「ブッダや福音史家は自分自身の考えを述べたのではなく、事物の奥深い本質のなかから自分のほうに流れ込んできたものについて語ったのである」ということを直接知ることができます。

以上述べた事柄を踏まえることによって初めて理解できる、ある事実に目を向けてみましょう。現在の進化段階にいる人間は、ブッダの言葉に現れる多くの繰り返しの意味を、本当の意味で理解することはできません。しかし神秘学の学徒は内面的な感覚とともに、ブッダの言葉の繰り返しのなかで安らぐことを好みます。なぜならこのような繰り返しは、エーテル体のあるリズミカルな動きに対応しているからです。内面の平静を完全に保ちながらブッダの言葉の繰り返しに身をゆだねるうちに、私たちはエーテル体のリズミカルな動きと共鳴することができるようになります。このようなリズミカルな動きは、ある時点までくると繰り返されて以前の状態に規則正しく立ち戻る、特定の世界のリズムを映し出しています。そのため私たちは、ブッダの言葉の調子に耳を傾けることによって、世界の秘密とつながることができるのです。

霊学では、高次の認識に上昇するために、人間がいわゆる試練の道をとおって身につけなければならない四つの特性が示されます。

第一の特性は、思考において真実と仮象のものを、真理と単なる意見を、区別することです。

第二の特性は、仮象のものと向きあったときに、真に実在するものを正しく評価することです。

第三の能力は、すでに述べた、思考の制御・行動の制御・ねばり強さ・寛大さ・信じること・冷静さ、という六つの特性を実践することです。

第四の特性は、内面的な自由に対する愛です。

私たちがこれらの特性の内容をただ悟性的に理解するだけでは、まったく役に立ちません。これらの特性は、内面的な習慣の基礎となるように、私たちの魂に組み込まれなくてはなりません。たとえば第一の特性である、真実と仮象のものを区別することを例に挙げてみましょう。人間はどのようなものと出会っても、ごくあたりまえに、本質的でないものと重要なものを区別できるように自分を訓練しなくてはなりません。平静さと忍耐強さを完全に保持しながら、外界を観察する際に繰り返しこの試みをするときにのみ、私たちはこのような目標をめざして自分を訓練することができます。すると最後には、以前本質的でないものに満足していた私たちの目は、ごく自然に真実をとらえるようになります。「過ぎ去るものはすべて比喩にすぎない」[11]という真理が、私たちの魂にとって自明の確信となります。私たちは、四つの特性のうち、ほかの三つの特性も同じように育てていくことができます。

このような四つの魂の習慣を身につけると、その影響によって、私たちの繊細なエーテル体は実際に変化します。第一の「真実と仮象のものを区別する」という特性によって、先に述べた頭部の中心点が生み出され、同時に喉頭の中心点も準備されます。もちろんこれらの中心点を実際に形成するには、先に述べたような集中の訓練を欠かすわけにはいきません。集中の訓練は中心点を形成し、四つの魂の習慣は中心点をさらに成熟させます。

喉頭の付近の中心点が準備されてから、「本質的でない仮象のものと向きあったときに、真に実在するものを正しく評価する」という第二の特性を身につけることによって、私たちは、すでに述べたような方法でエーテル体を自由に支配し、エーテル体を網状の皮膚のような組織で覆って、外界との境界を作ることができるようになります。真に実在するものを評価することができるようになると、私たちは霊的な事実を少しずつ知覚し始めます。しかし私たちは、「私は悟性的に評価することによって、十分意味があると思われるような行動だけを取らなくてはならない」と考えるべきではありません。私たちのごくささいな行動や、すべての小さな仕事が、世界全体という一種の大家族のなかで、とても重要な意味をもっています。私たちにとって大切なのは、このような意味を意識することだけなのです。人生の日常的な営みを実際よりも低く評価するのではなく、正しく価値を認めることが重要なのです。

第三の特性を構成している六つの徳については、すでに述べたとおりです。六つの徳は、心臓の付近にある十二弁の蓮華の育成と関わりあっています。先に述べたように、私たちはエーテル体の生命の流れを、このような目標に導いていく必要があります。

自由になることを求めるという第四の特性は、心臓付近のエーテル的な器官を成熟させるのに役立ちます。この特性が魂の習慣になると、私たちは個人的な性質や能力のみと関わる、あらゆるものから解放されます。私たちは、ものごとを自分自身の特別の立場から観察するのをやめます。私たちをこのような特別の立場に束縛している、狭い自己の限界は消滅します。そうなると霊的な世界の秘密は、私たちの内面に入ってくることができるようになります。これこそが、ここで求められている解放にほかなりません。自己の限界によって束縛されている限り、私たちは、個人的な方法に従って事物や存在を観察するように強いられます。神秘学の学徒は、このように個人的にものごとを観察することから自立し、自由にならなくてはなりません。

このように見ていくと、霊学において伝えられる指示は、人間の奥深い本性に決定的な作用を及ぼすことがわかります。四つの特性に関する指示は、まさにこのような性質を帯びています。これらの指示は、霊的な世界に関するあらゆる世界観のなかに、さまざまな形で見出されます。このような世界観の創始者たちは、暗い感情につき動かされてこれらの指示を人びとに伝えたわけではありません。彼らは偉大な秘儀参入者だったからこそ、これらの指示を伝えることができたのです。彼らは認識に基づいて、道徳的な指示を作り上げました。彼らは、これらの指示が人間の繊細な本性にどのような作用を及ぼすかを知っていました。そして彼らは、自分に師事する人びとに、このような繊細な本性を少しずつ育成していくように求めたのです。

この世界観に従って生きるということは、霊的に完全な存在になるように自分自身に働きかけることを意味します。このような働きかけを行うときにのみ、私たちは世界全体に仕えることができます。自分自身を完全にするということは、けっして利己的な欲求ではありません。なぜなら不完全な人間は、人類と世界に対しても、不完全な形で仕えることしかできないからです。みずからが完全であればあるほど、私たちはそのぶんだけ、全体のために役立つ存在になります。この場合には、「薔薇は自分の身を飾るとき、同時に庭も飾り立てる[12]」という言葉がぴったりとあてはまります。

この意味において、重要な世界観の創始者たちは偉大な秘儀参入者なのです。秘儀参入者から生じるものは、人間の魂のなかに流れ込んできます。そしてそのことによって世界全体は人類とともに前進していきます。秘儀参入者は、このような人類の進化のプロセスに意識的に働きかけました。秘儀参入者が与えた指示は人間の奥深い本性のなかから汲み取られたものである、という事実に注意をはらうときにのみ、私たちはこのような指示の内容を理解します。偉大な認識を獲得した人は秘儀参入者でした。彼らは、自分自身の認識のなかから人類の理想を生み出したのです。私たちは自分自身が進歩することによってこのような指導者たちのいる高みにまで上昇するとき、彼らに近づくことができるのです。

　すでに述べたような方法でエーテル体を育成し始めると、私たちにまったく新しい人生が開かれます。このような段階まで到達したら、神秘学の訓練を行うことによって、私たちはふさわしい時期に、新しい人生の正しい道を示してくれるような教えを受け取らなくてはなりません。たとえば私たちは十六弁の蓮華をもちいて、高次の世界の霊的な形姿を見ます。このとき私たちは、「どのような事物や存在によって呼び起こされるか、ということに従って、これらの形姿はそれぞれ異なったものになる」という事実をはっきりと認識しなくてはなりません。私たちはまず最初に、「私はこれらの形姿のうち、ある形姿に対しては、自分自身の思考と感情をとおして強い影響を及ぼすことができる。しかし私は、別の形姿に対してはまったく影響を及ぼすことができなかったり、ごくわずかな影響しか及ぼすことができない」という点に注意を向けることができます。たとえばある形姿が現れるとき、観察する人が、まず最初に「それは美しい」という思考を抱き、次に、観察しているあいだにこの思考を「それは役に立つ」という思考に変えると、形姿はたちまち変化します。

とくに鉱物や人工的に作られた事物から生じる形姿は、観察する人が抱く思考や感情におうじて容易に変化する性質を備えています。植物と結びつく形姿に関しては、このような傾向は少なくなります。そして動物に対応する形姿に関しては、このような傾向はさらに少なくなります。動物と関わる形姿は動き、生命にあふれています。このような動きのうち、人間の思考や感情の影響を受けるのは一部のみであり、そのほかの部分に関しては、人間が影響を及ぼすことができない原因によって動きが引き起こされます。

そしてさらに形姿の世界全体の内部に、観察している人間自身の影響を（少なくとも最初のうちは）あまり受けない、ある種の形態が現れます。これらの形姿を生み出すのは鉱物でも、人工的な事物でも、植物でも、動物でもない、ということを、神秘学の学徒は確信します。学徒ははっきりと認識するために、この形姿を観察します。そして学徒は、このような形姿は自分以外の人間の感情や衝動や情熱などによって生み出される、ということを知ります。しかしこのような形姿と向かいあうときにも、学徒は、自分自身の思考と感情が（比較的わずかなものであるとしても）まだいくらかの影響を及ぼしていることに気づきます。

そしてついに形姿の世界の内部で、学徒自身の思考や感情による影響をほとんど受けない部分が残ります。それは、神秘学の学徒が訓練の道を歩み始めるときに目にするもののなかで、大きな部分を占めることになります。

自分自身を観察することによって、学徒は初めて、この部分の本質を理解することができるようになります。そのとき学徒は、自分がこのような形姿を呼び起こしたことを知ります。自分自身が行ったり、行おうとする意志を抱いたり、願ったりすることが形姿となって表現されます。学徒のなかで作用する衝動や、学徒のなかにある欲求や、学徒が抱いている意図などが、すべてこのような形姿となって現れます。つまり自分自身のすべての性格が形姿の世界にはっきりと現れるのです。

私たちは、意識的に思考したり、感情を抱いたりすることによって、自分以外の存在が生み出したすべての形姿に影響を与えることができます。しかしひとたび自分自身の本質をとおして高次の世界に形姿を生み出してしまうと、私たちはもう、この形姿に対して影響を及ぼすことができなくなります。またこのことから、「高次の直観を行うとき、私たちの内面的な要素（つまり私たち自身の衝動や欲求や表象の世界）は、ほかの事物や存在とまったく同じように外に向かって姿を現す」ということも明らかになります。私たちが高次の認識を行うとき、内面的な世界は外界の一部になります。物質的な世界において周囲に鏡があると、自分の体の形姿を見ることができるのと同じように、高次の世界においては、自分自身の魂的な本質が私たちの前に鏡像のように現れるのです。

このような発達段階まで到達すると、神秘学の学徒が、人格と結びついた限界から生じる幻影を克服するときがやってきます。いままで学徒は自分の感覚に働きかけてくるものを外界としてとらえていましたが、これからは学徒は、みずからの人格の内部に存在するものを外界と見なすことができるようになります。このようにして学徒は、いままで自分のまわりの存在を取り扱ってきたのと同じように自分自身を取り扱うことを、経験をとおして少しずつ学んでいくのです。

霊的な世界の存在と出会う準備が十分にできていないうちに、霊的な世界に対して目を開いてしまった人は、初めて先に述べたような自分自身の魂の像を前にして、謎に直面したように立ちつくしてしまいます。このとき当人が抱いている衝動や情熱の形姿が、動物のような、あるいは（よりまれなケースとしては）人間のような形態をとって現れます。霊的な世界の動物の形姿は物質的な世界の動物の形姿とはまったく同じではありませんが、それでも、わずかに似通っています。神秘学の訓練をしたことがない人が観察すると、霊的な世界の動物の形姿は、物質的な世界の動物の形姿と同じもののように思われることでしょう。

霊的な世界に足を踏み入れるとき、私たちはまったく新しい種類の判断ができるようにならなくてはなりません。霊的な世界では、私たちの内面に属している事象が外界として現れるときには、これらの事象は実際の姿の鏡像となって出現します。たとえば霊的な世界で数字を見るとき、私たちはそれが鏡像であることを念頭に置いて、裏返しにして読まなくてはなりません。たとえば私たちが見る265という数字は、実際には霊的な世界では562を意味します。球を見るときには、私たちは自分が球の中心にいるように感じます。私たちはこのように内面的に見たものを、正しい方法で、自分自身のために翻訳しなければなりません。また、人間の魂的な特性も鏡像となって現れます。外面的な事物に対する願望は、それを欲しがっている当人のほうに向かって動く形姿として現れます。人間の低次の本性のなかに存在している情熱は、当人に襲いかかってくる動物やそれに似た形姿となって現れることがあります。実際には、このような情熱は外に向けられています。情熱は、それを満足させてくれる対象を外界に求めています。しかしこのような外界に向かう欲求は、鏡像のなかでは、情熱を抱いている当人に対する攻撃となって現れるのです。

高次の直観へと上昇する前に、あらかじめ冷静に、客観的に自分自身の特性を認識しておくと、神秘学の学徒は、みずからの内面的な要素が外から鏡像となって近づいてくる瞬間にも、正しくふるまう勇気と力を見出すことができます。自分自身を観察することによってみずからの内面をよく認識しておかないと、私たちは、鏡像のなかに自分自身を見出すことができなくなり、鏡像を自分とは無縁の現実と見なすようになります。あるいは、私たちは鏡像を見て不安を覚え、このような状況に耐えきれないあまり、「私が見ているものはすべて、空想の産物にすぎない。このような空想の産物からは何も生じない」と無理に自分に信じ込ませようとします。どちらのケースにおいても、自分自身を高める訓練において、まだ未熟なうちに一定の発達段階に到達してしまったために、私たちはきわめて深刻な事態に陥り、道の途中で立ち止まってしまうことになるのです。

高次の領域をめざすためには、神秘学の学徒は、霊的な直観をとおして自分自身の魂を観察することを経験しなくてはなりません。なぜなら、学徒にとってもっとも理解しやすい霊的・魂的な事象は、当人自身のなかに存在しているからです。まず物質の世界においてみずからの人格についてよく知っておくと、高次の世界においてこの人格のイメージが初めて自分のほうに近づいてくるときに、学徒は、自己の人格とこのイメージを比較することができるようになります。学徒は高次の現象となって現れる人格のイメージを、すでに熟知している自分自身の人格と関連づけることによって、確実な基盤から出発することができるのです。この段階で、もし自分自身の人格のイメージではなく、そのほかの霊的存在たちが群をなして近づいてきたら、学徒は、この存在たちの特性と本質について理解することはできないでしょう。学徒はたちまち、足もとの大地が消滅するような感覚を覚えることでしょう。ですからここでは、私たちは自己の本質についてはっきりと認識し、判断することをとおして、高次の世界に確実に近づいていくことができる、ということを、何度でも強調しておきたいと思います。

高次の世界に到る道を歩むときに、私たちは、まず最初に霊的なイメージと出会うことになりますが、これらのイメージに対応する現実は私たち自身のなかに存在しています。十分に成熟していれば、神秘学の学徒は、この最初の段階ですぐに確実な霊的な現実と出会うことは期待しないで、いま近づいてくるイメージこそ現在の自分のレベルにはふさわしい、と考えるようになります。そしてこのイメージの世界の内部に、学徒はまもなく新しいものを認識します。すなわち自分自身の低次の自己は鏡像となって学徒の前に存在していますが、この鏡像の中心に高次の自己が真の現実をともなって姿を現すのです。低次の人格のイメージのなかから、霊的な自我の形姿が浮かび上がってきます。ここに到ってようやく、学徒をさらに別の高次の現実へと導く糸が、この霊的な自我のなかから紡ぎ出されることになるのです。

ついに学徒が、目の付近にある二弁の蓮華を使うときがやってきました。二弁の蓮華が動き始めると、私たちはみずからの高次の自我を、高次の霊存在たちと結びつけることができるようになります。

二弁の蓮華から生じる流れが高次の現実に向かって動いていくとき、私たちはこの動きを完全に意識することができます。光が物質的な事物を目に見えるようにするのと同じように、これらの流れは高次の世界の霊的な存在たちを私たちに見せてくれるのです。

根本的な真理を含んでいる霊学的な表象に没頭することによって、学徒は目の付近にある二弁の蓮華から生じる流れを動かしたり、制御したりすることを学びます。

このような霊的な発達段階においては、健全な判断力や、明晰で論理的な思考を育てる訓練がとくに重要な意味をもっています。このとき、それまで萌芽のように無意識的に人間のなかでまどろんでいた高次の自己が意識的な存在として新たに誕生する、ということを、私たちはよく理解しておかなくてはなりません。単なる象徴的な意味においてではなく、完全に現実的な意味において、私たちは霊的な世界における誕生をとらえなくてはなりません。

新しく誕生する存在としての高次の自己は、生きるために必要な器官や素質をすべてたずさえて世界のなかに現れなくてはなりません。子どもが誕生するときには、健全に形成された耳や目をたずさえて世界にやってくることができるように、自然そのものが配慮してくれます。それと同じように、私たち自身の霊的な進歩を支配する法則は、私たちの高次の自己が必要な能力をたずさえて姿を現すことができるように、準備してくれます。霊の高次の器官を育成する法則とは、物質の世界の健全な理性と道徳の法則にほかなりません。胎児が母親の子宮のなかで成長するように、霊的な人間は物質的な自己のなかで成熟します。胎児の健康状態は、母親の子宮のなかで自然の法則が正常に作用しているかどうかによって決まりますが、霊的な人間の健康状態は、通常の悟性と物質的な生活のなかで働いている理性の法則によって影響を受けます。物質的な世界において健全に生活したり、考えたりすることができないと、私たちは健康な高次の自己を生み出すことはできません。自然と理性にかなった生活こそは、あらゆる真の霊的な発達の基盤なのです。

母親の子宮のなかにいるとき、胎児は、誕生後は自分自身の感覚器官をもちいて知覚することになる自然の力に従って生きています。人間の高次の自己は、物質的に存在しているときに、霊的な世界の法則に従って生活します。胎児がおぼろげな生命感情にうながされて、ふさわしい力を獲得するのと同じように、私たちは、まだ高次の自己が生まれていない段階で、霊的な世界の力をとおしてふさわしい力を身につけることができるのです。高次の自己が完全に成長を遂げた存在として世界のなかに誕生するためには、私たちは霊的な世界の力の助けを借りなくてはなりません。

自分で霊視することができるようになるまでは霊学の教えを受け入れることはできない、と考えるのは正しくありません。なぜなら霊学を深く学ばない限りは、私たちはけっして真の高次の認識に到達することはできないからです。もし私たちが霊学を拒むならば、それは、胎児が母胎のなかで、母親をとおしてやってくる力の助けを借りることを拒み、この力を自分で獲得するまで待とうとするようなものです。胎児がおぼろげな生命感情をとおして、母親から自分のほうにやってくる力は正しいものである、ということを感じ取るように、私たちはまだ霊視することができない段階で、霊学の教えは真理である、ということを知ることができるのです。たとえ霊的な事柄を霊視することはできないとしても、私たちは真理の感情と、多面的に判断するためのよりどころとなる明晰で健全な理性をとおして、霊的な事柄について理解することができます。私たちはまず神秘学的な認識について学び、このような学習をとおして霊視する準備をしなくてはなりません。もしこのような学習をしないうちに霊視する人がいるとしたら、その人は、目と耳は備えているものの、脳をもたないまま生まれた子どもと同じようなものです。自分の前に色彩と音の世界の全体が広がっているにもかかわらず、この子どもは世界と関わることができないのです。

このような神秘学的な訓練の段階において、私たちは、いままで真理の感情や悟性や理性をとおして理解してきたことを、自分自身で体験します。いま私たちは自分自身の高次の自己について直接知ることになります。私たちは、高次の自己が霊的な存在たちとより高度な形で結びつき、統一体を形成していることを認識します。私たちは、低次の自己がもともとは高次の世界から生み出されたことを知ります。そして、私たちの高次の本性は低次の本性よりも長く持続することが明らかとなります。

いまや私たちは、自分自身のなかの過ぎ去りゆく要素と持続し続ける要素を自分で区別することができるようになります。つまり私たちは自分自身の直観をとおして、高次の自己が低次の自己のなかに受肉 Inkarnation する、という教えを理解するのです。私たちは高次の霊的なつながりのなかに存在しており、私たちの特性や運命はこのようなつながりによって生み出される、ということが明らかになります。私たちは自分自身の人生の法則、すなわちカルマ Karma を認識します。私たちは、現在私たちの存在を決定している低次の自我は、私たちの高次の本質が取りうる形態の一つにすぎないことを洞察します。そして私たちは、人間はいっそう完全な存在になるために高次の自己をとおして自分自身に働きかけることができる、ということを知ります。私たちは、人間はどれだけ完全か、というレベルは、一人ひとりで大きく異なっていることを知ります。私たちは、自分がまだ到達していない高い段階にいる、より上のレベルの人びとがいることに気づきます。私たちは、このような人びとの教えや行為は高次の世界の霊感から生まれることを知ります。私たちは、まず自分で高次の世界を見ることができるからこそ、このような事実について知ることができるのです。このときから、私たちにとって、いわゆる「人類の偉大なる秘儀参入者」の存在は、次第に明確な事実になっていきます。

　この発達段階まで到達することによって、神秘学の学徒はこれまで述べてきたような贈り物を受け取ります。すなわち学徒は高次の自己について知り、高次の自己が低次の自己のなかに受肉するという教えについて学び、物質的な世界の人生を霊的なつながり（カルマ）をとおして支配する法則について認識し、最後に偉大なる秘儀参入者の存在について洞察するのです。

　この段階まで到達するとき、学徒は疑念を完全に捨て去っています。これまで学徒は、理性的な根拠と健全な思考に基づいてある事柄を信じることができましたが、いまではこのような信念に代わって、完全な知と、どのようなものによってもゆるがされることのない洞察が生じるのです。

　さまざまな宗教において、高次の霊的な事象や存在は、外面的に目でとらえることができる儀式や秘跡や典礼のなかに表現されています。このような事実を認めないのは、壮大な宗教の深みをまだ洞察していない人だけです。自分で霊的な現実に目を向けるとき、私たちは外面的に目でとらえられる宗教的な儀式に含まれている、重要な意味を理解します。このとき私たちにとっては、宗教的な勤行そのものが、私たちと霊的な高次の世界との交流の表現になります。

このように見ていくことによって、神秘学の学徒はどのようにしてこの段階まで到達し、実際に新しい人間になるか、ということがおわかりいただけたことと思います。少しずつ成熟を遂げるうちに、学徒は、自分自身のエーテル体の流れをとおして本来の高次の人生と結びついた要素を制御し、そのことによって物質体を高次の意味において自由にすることができるようになるのです。

＊原注1―この点に関しては、本書の著者による『テオゾフィー（神智学）』のなかに解説してあります。

＊原注2―このあとに続くすべての記述に関しては、以下の点に注意をはらって下さい。たとえば、ある色を「見る」という場合、それは霊的に見る（霊視する）ということを意味しています。霊視能力をとおして認識する人が、「私は赤を見る」と告げる場合、そのことは、「私は魂的・霊的なもののなかで、赤い色の印象を受けたときの物質的な体験と似かよった体験をする」ということを意味しています。「私は赤を見る」といういいまわしがもちいられるのは、それが、このような場合の霊視能力に基づく認識を表現する際に、もっとも自然な感じがするからです。この点を考慮に入れておかないと、私たちは、色彩による視覚を本当の霊視体験と混同してしまう可能性があります。

＊原注3―「回転」や「蓮華」の知覚に関しても、原注2で「色彩を見ること」に関して述べた事柄がそのままあてはまります。

＊原注4―このような事柄に詳しい人は、「十六弁の蓮華」を発達させるための条件は、ブッダが弟子たちに「道」のために与えた指示と同じものであると考えるかもしれません。[13] しかしここで、筆者がめざしているのは「仏教」を教えることではなく、霊学そのものから生じる、蓮華を発達させるための諸条件について記述

することなのです。確かにこれらの条件はブッダの教義と一致しているかもしれませんが、それでもやはり、これらの条件がそれ自体真実であるということに変わりはないのです。

＊原註5―もちろん本来の言葉の意味に従うと、「魂体」という表現は（霊学のいくつかの同様の表現と同じように）矛盾を含んでいます。しかしこの場合、私たちは、霊視に基づく認識をとおして、物質的な領域で体が知覚されるように霊的な領域において体験されるものを知覚することになるので、このような表現が使われるのです。

＊原註6―ここで述べられている事柄に関しては、著者の『テオゾフィー（神智学）』の記述を参照して下さい。

＊原註7―物理学を専門としている方は、「エーテル体」という表現に違和感を抱かないで下さい。「エーテル」という言葉は、ここで考察している形成物が繊細なものである、ということを表現する目的のためだけにもちいられています。さしあたって、ここで言及されている「エーテル」を物理学上の仮説としての「エーテル」と関連づける必要はまったくありません。

▼神秘学の学徒の夢の生活に現れる変化

神秘学の学徒が先の章で述べたような段階に到達した（あるいはまもなく到達する）兆候として、夢の生活に変化が現れます。それまで学徒が見ていた夢は混乱し、好きなように展開していましたが、いまでは、夢は秩序立った性格を帯び始めます。夢のさまざまなイメージは、日常生活の表象と同じように意味深く関連しあうようになります。私たちは夢のイメージのなかに、法則や原因や作用を見出します。そしてそれとともに、夢の内容も変化します。以前には私たちは夢のなかで、日常生活の余韻や、周囲の環境と自分自身の体の状態に関する印象が変化したものを知覚するだけでしたが、いまでは、私たちにとって未知の世界のなかからイメージが現れるようになります。夢は、表現しようとするものを象徴的に示すという点において、私たちが目覚めているときに作り上げる表象とは異なっています。この限りにおいて、私たちの夢に変化が現れるようになってからも、その一般的な性格は存続します。夢を注意深く観察してみると、私たちはこのような象徴性をはっきりと認めることができます。

たとえば私たちが、醜い動物をつかみ、手に不快感を感じる夢を見るとします。私たちははっとして目覚め、かけぶとんの端が手に巻きついているのに気づきます。夢のなかでは、私たちが知覚する事柄は直接現れるのではなく、特徴的な象徴をとおして表現されるのです。あるいは、私たちが追跡者から逃れようとしている夢を見るとします。私たちはこのとき不安を覚えます。目覚めてみると、私たちが眠っているあいだに動悸が早くなっていたことがわかります。また消化の悪い食物を胃に詰め込んでから眠ると、重苦しい夢のイメージが呼び起こされたりします。さらに眠っている私たちのまわりで生じる出来事も、夢のなかで象徴をとおして表現されます。たとえば時計が時を告げる音によって、太鼓を鳴らしながら行進していく軍隊のイメージが現れます。また椅子が倒れることによって夢のドラマ全体が呼び起こされ、椅子が倒れるときの衝撃が銃を発砲する音として表現されることもあります。

エーテル体が発達し始めると、私たちの夢は秩序立ったものになりますが、それでも夢特有の象徴的な表現方法は保持されます。ただしこの段階までくると、夢は物質的な環境や自分自身の感覚的な体のなかで生じる事象以外のものも、映し出すようになります。つまり物質的な環境や体のなかで起こる事象をもとに生み出される夢が秩序立ったものになる一方で、そこに別の世界の事象や状況を表現する夢のイメージも混ざり込んでくるのです。ここに到って初めて、私たちは通常の昼間の意識をとおしてとらえられないような事柄を体験することになります。

ここで、真の神秘学の探究者が夢の体験をよりどころとして高次の世界に関する普遍的な事柄について語っている、とは考えないで下さい。私たちはこのような夢の体験を、高次の霊的な発達の最初の兆候としてのみ、見なすようにしなくてはなりません。

それに続いて、まもなく次のようなことが生じます。すなわちこれまで醒めた悟性の支配を受けなかった夢のイメージは、目覚めた意識をとおしてとらえられる表象や感覚と同じように、悟性によって制御され、一定の秩序に従って全体が管理されるようになります。夢の意識と目覚めている状態の違いは、ますます小さくなっていきます。夢を見るとき、私たちは言葉の完全な意味において、夢の生活のなかで目覚めるようになります。つまり私たちは、自分自身が象徴的なイメージを支配する主人であり、導き手であると感じるのです。

夢を見るとき、私たちは実際に、物質的な感覚によってとらえられる世界とは別の世界にいます。ただし霊的な器官が未発達な人は、このような世界に関して、すでに述べたような混乱したイメージしか形成することはできません。その人はもう一つの世界を、きわめて原初的な目を備えた生物が感覚的な世界を見るようにしか、とらえることはできないのです。その人は、この第二の世界のなかに、日常生活のイメージや反映のみを見出します。その人は、自分が日常生活に関して作り上げるイメージや反映を、基本的に夢のなかにしか見ることはできません。昼間生活しているとき、その人の魂は、知覚したものをイメージとして、もう一つの世界を構成している素材のなかに描き込みます。人間は昼間、意識的な生活を営んでいるときに、同時に第二の無意識的な生活をもう一つの世界で営んでいます。このことを、私たちははっきりと理解しなくてはなりません。私たちは昼間の生活をしているときに知覚したり、思考したりしたすべての事柄を、このもう一つの世界に刻印します。蓮華が発達すると、私たちはこのようにして刻印したものを見ることができるようになります。しかし私たちの蓮華と関わる素質には、かならずどこか不完全なところがあります。そのため昼間の意識が目覚めているあいだは、蓮華をとおして受け取る印象はきわめて弱いものとなり、私たちは蓮華をもちいて何も知覚することはできません。それは、私たちが昼間のあいだは星を見ることができないのと同じような理由に基づいています。昼間は太陽の光が強く作用しているため、私たちは星を知覚することはできません。それと同じように、私たちのなかで昼間の意識が目覚めているあいだは、物質的な感覚の印象がきわめて強いため、弱々しい霊的な印象は姿を現さないのです。私たちが眠りにつき、外に向かう感覚の門が閉じられると、これらの印象は混乱したまま光を放ちます。そのとき夢を見ている私たちは、ふだんもう一つの世界で体験している事柄に気づきます。しかしすでに述べたように、私たちは最初のうちは、物質的な感覚と結びついたイメージをとおして霊的な世界に刻みつけられたものしか体験することができません。

発達した蓮華をもちいることによって、私たちは初めて、物質的な世界に属さない事柄の開示を夢のなかに書き込むことができるようになります。エーテル体を発達させることによって、私たちは、自分自身が別の諸世界から書き込んだものを完全に意識化するようになるのです。

このようにして私たちは新しい世界と交流を始めます。いま私たちは、神秘学の訓練の指示によって導かれながら、二つの事柄を達成します。まず第一に、私たちは目覚めている場合と同じように、夢のなかで観察する事象を完全に知覚することができるようになります。第二に、この段階まで到達すると、私たちは通常の目覚めている状態においても、同様の観察をすることができるようになります。つまり私たちが霊的な印象に対して自由に注意力を向けることによって、これらの印象が物質的な印象によってかき消されることはなくなり、私たちは物質的な印象と同時に（すなわち物質的な印象とともに）、霊的な印象をとらえることができるようになるのです。

このような能力を獲得すると、神秘学の学徒の霊的なまなざしの前に、先の章で述べたような、ある種のイメージが現れます。学徒は、霊的な世界に存在しているものを物質的な世界の原因として知覚することができるようになります。そして学徒はとくに自分自身の高次の自己を、物質的な世界のなかに見出します。

神秘学の学徒の次の課題は、この高次の自己をめざして成長していくことにあります。すなわち学徒は高次の自己を自分自身の真の本質と見なし、それにふさわしいふるまい方をしなくてはなりません。学徒はますます、「私の物質体と、私がいままで『私（自我）Ich』と呼んできたものは、高次の自我の道具である」ということを、生き生きとした感情とともにイメージするようになります。感覚的な世界で生活している人間が、自分が使用する道具や乗り物に対して抱くのと同じような感情を、学徒は低次の自己に対して育てていきます。たとえば「私は歩く」と同じように「私は走行する」という いいまわしをもちいても、感覚的な世界で生活する人間は、運転している自動車を自分の「自我（私）」の一部と考えているわけではありません。それと同じように、霊的な進歩を遂げた人間は、「私はドアを通ってなかに入る」というときに、「私（自我）は私の体を、ドアを通ってなかに運び込む」とイメージします。「私は一瞬たりとも物質的な世界の確実な基盤を失うことはない。したがって私は、自分は感覚的な世界から疎外されている、とはけっして感じない」という考えが、学徒にとって自明のものとならなくてはなりません。夢想家や空想家にならないようにするためには、神秘学の学徒は高次の意識をとおして、物質的な世界における人生を貧しいものにするのではなく、むしろ豊かなものにするようにしなくてはなりません。それは旅をするときに自分の足で歩かないで鉄道を利用することによって、私たちが物質的な世界における人生をより豊かなものにするのと同じことなのです。

このようにして高次の自我のなかで生活するようになると（あるいは、すでに高次の意識を獲得しようとして努力しているあいだに）、神秘学の学徒は、霊的な知覚能力を心臓の付近に生まれる器官のなかに目覚めさせて、これまでの章で述べてきたような流れをとおして霊的な知覚能力を制御する方法を習得します。心臓の付近の器官から生じ、美しく輝きながら、活動する蓮華を通って（あるいは発達したエーテル体のそのほかの水路を通って）流れていく高次の素材と関わる要素のなかで、この霊的な知覚能力は生じます。この要素は外に向かって、周囲の霊的な世界のなかに光を送り込み、このような世界を霊視できるようにします。それは、太陽の光が外から当たることによって、物体が目に見えるようになるのと同じなのです。

心臓の器官の知覚能力はどのようにして生み出されるのか、という点に関しては、私たちは自分でこのような知覚能力を形成していくことによって、少しずつ理解するようになります。

このようにエーテル体をとおして外界のなかに知覚器官の光を送り込み、対象を照らし出すとき、ようやく私たちは本当の意味において、霊的な世界の事物や存在をはっきりと知覚することができるようになります。

以上見てきたことから、自分自身で霊的な光を事物に投げかける場合にのみ、私たちは霊的な世界の事物を完全に意識化できることがわかります。すでに述べたように、このような知覚器官を生み出す「自我」は人間の物質体のなかにではなく、物質体の外に存在しています。心臓の器官は、人間が外からこの霊的な光の器官を燃え立たせることができる唯一の箇所です。もし人間が心臓の器官とは別の箇所で光の器官を燃え立たせるならば、光の器官をとおして生じる霊的な知覚は物質的な世界と結びつくことができなくなります。私たちはあらゆる高次の霊性を物質的な世界と関連づけ、自分自身をとおして物質的な世界のなかに作用を送り込むようにしなくてはなりません。高次の自我は心臓の器官をとおして感覚的な自己を道具として使い、心臓の器官のなかから感覚的な自己を操作するのです。

霊的に発達した人間が霊的な世界の事物と出会うときに抱く感覚は、感覚的な人間が物質的な世界に対して抱く感覚とは異なっています。感覚的な人間は、感覚的な世界のある特定の場所に自分自身が存在しているのを感じます。この場合、知覚の対象となる事物は人間にとって「外に」存在しています。これに対して霊的に発達した人間は、知覚する霊的な事物と自分自身が一体になったように感じ、事物の「内面に」いるような感覚を覚えます。このとき人間は実際に、霊的な空間のなかを、ある場所から別の場所へとさまよいます。そのため神秘学の用語では、このような人間は「さすらい人Wanderer」とも呼ばれます。人間は最初のうちは、どこにも自分の家を見出すことができないのです。

このようにさすらい続けるうちは、私たちは霊的な空間のなかで事物をはっきりととらえることはできません。物質的な空間のなかで、私たちはある一点をよりどころとすることによって事物や場所をとらえますが、いま私たちが到達した霊的な世界においても、同じようなことがいえます。私たちは霊的な世界においても、どこかに特定の場所を探さなくてはなりません。私たちはまず、このような場所を正確に探し出してから、霊的な意味において、一人でこの場所を所有しなくてはなりません。私たちはこの場所に霊的な故郷を作り上げ、そのほかのあらゆるものをこの故郷と関連づけます。物質的な世界で生きている人間も、物質的な意味における故郷のイメージと結びつけて、すべてのものをとらえます。たとえばベルリンの人は、知らず知らずのうちに、パリの人とは異なった方法でロンドンについて説明します。ただし霊的な故郷に関しては、物質的な故郷とは事情が異なっているところがあります。物質的な世界では、私たちは自分から積極的に働きかけなくても、おのずと物質的な故郷のなかに生まれてきます。私たちは子どもの時期に、物質的な故郷でさまざまなイメージを本能的に受け入れ、その後は無意識のうちに、このイメージに従ってあらゆる事柄を判断するようになります。これに対して霊的な世界では、私たちはまったく意識的に、自分自身で霊的な故郷を作り上げます。霊的な世界において、私たちは霊的な故郷をよりどころとしながら、自由で明るい意識をとおしてものごとを判断するのです。

このようにして霊的な故郷を作り上げることを、神秘学の用語では「小屋を建てる eine Hütte bauen」[14]といいます。

この段階までくると、私たちの霊的な直観は拡大し、まずアストラル界において、物質的な世界に対応する霊的なイメージをとらえるようになります。アストラル界には、人間の衝動や感情や欲望や情熱とよく似た本質を備えた、あらゆるものが存在しています。人間を取り巻くすべての感覚的な事物のなかには、人間の魂のなかで働く力と同じような力が作用しています。たとえば高次の直観をとおして観察してみると、水晶の形態は、人間のなかで働く衝動と同じような力を注ぎ込まれることによって作られることがわかります。そのほかにも、これと同じような力をとおして、樹液が植物の導管のなかを流れたり、花が開いたり、種子の莢《さや》がはじけたりします。物質的な世界の事物が物質体の目の前に形態や色彩となって現れるように、私たちが発達した霊的な知覚器官をとおしてとらえるとき、これらの力はすべて形態と色彩を伴って姿を現します。ここで述べているような段階に到達すると、神秘学の学徒は水晶や植物を見るとき、その内面で働いている霊的な力もとらえることができるようになります。学徒は、衝動の担い手の生活のなかに現れる物質的な外観のみをとおして、動物や人間の衝動をとらえるわけではありません。学徒は、物質的な世界においてテーブルや椅子を見るのと同じように、直接的な対象として動物や人間の衝動を霊視するのです。本能や衝動や願望や情熱の世界全体は、動物や人間を包み込むアストラル的な雲、すなわちオーラとなって姿を現します。

この段階まで到達すると、霊視者はさらに、感覚的にはほとんど（あるいはまったく）とらえることができないような事象を知覚するようになります。おもに低次の事柄に関心を抱いている人びとが集まっている空間と、高次の事柄に関心を抱いている人びとがいる空間を比較してみると、アストラル的な意味において違いがあることに、霊視者は気づきます。たとえば病院とダンスホールでは、物質的な雰囲気だけではなく、霊的な雰囲気も異なっています。また商業都市は、大学町とは別の種類のアストラル的な空気によって満たされています。初歩の段階では、霊視を始めた人間のなかで、このような事象を知覚する能力はわずかしか発達していないかもしれません。感覚的な人間の夢見意識が目覚めている意識状態よりもぼんやりしているのと同じように、初歩の霊視者の知覚能力は対象をおぼろげにとらえることしかできないかもしれません。しかしそのような人も、この段階において少しずつ、完全に目覚めていくことになります。

ここで述べているような霊視の段階において、霊視者が最高の境地に到達すると、動物や人間の衝動や情熱に対応する、アストラル的な作用が姿を現すようになります。たとえば人間が愛にあふれた行為を行うときには、人間が憎しみに駆られて行動するときとは別のアストラル的な現象が現れます。野卑な欲望は、それ自体のイメージのほかに、それに対応した醜いアストラル的なイメージを生じさせます。一方、崇高なものに向けられた感覚は美しいイメージを生み出します。

イメージを生み出す人間が物質的な世界で生きているときには、霊視者はこれらのイメージをおぼろげにしか見ることはできません。というのも、人間が生きている限りは、イメージの強さは物質的な世界のなかで営まれる生活によって弱められてしまうからです。たとえば物質的な世界で生きている人間がある事物を欲しいと願うと、アストラル界に願望それ自体のイメージが現れるだけではなく、さらにこの願望に対応する鏡像が生み出されます。そしてその人が物質的な事物を手に入れることによって願望が満たされると（あるいは少なくとも願望を満たす可能性が生じると）、願望に対応して現れる鏡像は弱々しいものになります。

これに対して人間が死ぬと、魂は依然としてその性質に従って願望を抱いているにもかかわらず、もはやこの願望を満足させることはできなくなります。なぜなら魂は願望を満たすのに必要な事物も、物質体の器官も、手に入れることはできないからです。人間の魂がこのような状態に置かれるときに、願望に対応して現れるイメージは、ようやく本来の姿を現します。たとえば感覚的なものを好む人間は、死んだあとでも、美食による快楽を激しく求めます。しかし口蓋がないため、この人の魂は欲望を満足させることはできません。その結果、願望をとおしてとくに激しいイメージが生み出され、その人の魂はこのイメージによって苦しめられます。このような低次の魂の性質に対応するイメージをとおして生じる体験は、「魂の領域における体験」、より正確にいうと「欲望の場所における体験」と呼ばれています。人間の魂が物質的な世界に向けられたあらゆる欲望から浄化されると、これらのイメージはようやく消滅します。それから人間の魂は高次の領域（霊の世界）に上昇していくのです。

すでに述べたように物質的な世界で生きている人間の場合には、このような衝動や情熱に対応して現れるイメージは弱々しい姿をしていますが、それでもこれらのイメージは確かに存在しており、彗星の尾のように、欲望と結びついた性質としてその人についてきます。ふさわしい発達段階まで到達すると、霊視者はこれらのイメージを見ることができるようになります。

ここで述べてきたような段階において、神秘学の学徒は以上のような事柄や、それに類似するさまざまな事柄を体験しながら生活します。しかしこの発達段階では、まだ霊視者はより高度な霊的な体験をすることはできません。霊視者は、この段階からさらに高みへと上昇していかなくてはならないのです。

▼意識の持続性の獲得

人間が生活するときには、目覚めている意識状態・夢のある眠り・夢のない深い眠りという三つの意識状態が交互に現れます。高次の認識を探究する人間の三つの意識状態はどのように変化するか、ということを知ると、私たちは、霊的な世界の高次の認識に到達する方法について理解できるようになります。高次の認識のための訓練を体験するまでは、私たちの意識状態は、眠って休息することによって、たえず中断されます。眠って休息しているあいだは、私たちの魂は外界や自分自身について何も知ることはできませんが、ときおり、普遍的な無意識の海のなかから、外界の出来事や自分自身の肉体の状態に関する夢が浮かび上がってきます。

夢とは眠りの生活がこのような特別の形をとって現れたものにすぎない、と考えるならば、私たちは一般的な意味において、眠りと目覚めという二つの状態に目を向けることしかできません。しかし神秘学の観点から見ると、夢には、ほかの二つの意識状態と同等の意味があることがわかります。先の章で私は、高次の認識に上昇しようとする人の夢の営みに生じる変化について述べました。すなわち、その人の夢は無意味で無秩序で脈絡を欠いたものではなくなり、意味のつながりをもった、秩序立った世界を次第に作り上げていきます。その人がさらに進歩すると、夢の世界から生まれる新しい世界は、感覚的な外界の現実と同等の内面的な真実味を帯びるだけではなく、さらにこの新しい世界のなかに、言葉の完全な意味において高次の現実を示す事実が姿を現すようになります。

感覚的な世界のなかには、いたるところに秘密と謎が隠れています。高次の事象の作用は感覚的な世界のなかに姿を現しますが、感覚のみに基づいて知覚する限りは、私たちはこのような作用の原因にたどりつくことはできません。しかしすでに述べたような、夢の営みから生み出されながらも、まだ安定していない霊視の状態においては、このような原因は部分的に、神秘学の学徒に開示されるのです。

もちろん、通常の目覚めている生活を送っているときに、高次の事象の作用が現れるようにならない限りは、私たちはこの開示を現実の認識と見なすことはできません。しかし私たちは、実際にそのような段階に到達することができるのです。私たちが進歩すると、最初は夢の生活から生じた状態を、目覚めた意識のなかに受け入れることができるようになります。そのとき私たちの感覚的な世界は、まったく新しいものを受け入れることによって、豊かになります。たとえば生れつき盲目の人が手術を受けて、目が見えるようになると、その人は目の知覚が加わることによって、そのぶんだけ周囲の世界の事物が豊かになったことに気づきます。それと同じように、ここで述べているような方法で霊視できるようになると、私たちは、新しい特性や事物や存在などが加わった世界全体を自分の周囲に見出すことになります。私たちはもはや、別の世界で生きるために、夢を待ち受ける必要はなくなります。私たちは高次の知覚をするために、いつでも、ふさわしいときに、このような状態に身を置くことができるようになるのです。日常生活において、私たちが感覚を活発に働かせて知覚する場合と、感覚を十分に働かせないで知覚する場合とでは、知覚そのものの性質が異なっていますが、ここで述べているような霊視の状態は私たちにとって、感覚を活発に働かせているときの知覚と同じような意味をもっているのです。私たちは真の意味において、神秘学の学徒は自分自身の魂の感覚を開くことによって体の感覚には隠されている事柄を霊視する、ということができます。

このような状態は、神秘学の学徒の認識がさらに高次の段階へと上昇するための移行期です。神秘学の修業を促進するための訓練を続けると、適切な時間が経過したのちに、学徒は、夢の営みに大きな変化が生じるだけではなく、夢のない深い眠りまでも変化することを知ります。学徒は、それまでの睡眠時の完全な無意識状態のなかに、さまざまな意識的な体験が混ざり込むようになったことに気づきます。眠りの普遍的な闇のなかから、学徒がそれまで知らなかったような種類の知覚が浮かび上がってきます。

当然のことながら、このような知覚について説明するのは容易なことではありません。なぜなら私たちの言葉は感覚的な世界のためだけに作られたものであり、この感覚的な世界に属していない事柄についていい表すためには、せいぜいそれに近い言葉を見つけることしかできないからです。しかしそうはいっても、高次の世界を描写するためには、私たちはさしあたって通常の言葉をもちいる以外にはありません。そして多くの事柄を比喩をとおして表現することによってのみ、高次の世界について言葉で説明することが可能となります。私たちが比喩表現をすることができるのは、世界のあらゆる存在は、そのほかの存在と類縁関係にあるからです。高次の世界の事物や存在が、感覚的な世界の事物や存在と深く関わりあっているからこそ、私たちは、感覚的な世界で一般的にもちいられている言葉をとおして、高次の世界をイメージすることができるのです。超感覚的な世界について記述する際には多くの部分において比喩や象徴をもちいなくてはならない、ということを、私たちはつねに意識しておく必要があります。

神秘学において、日常的な言葉がもちいられるのは、ほんの一部の訓練だけです。そのほかの場合には、学徒は、高次の世界に上昇するときにおのずと出会うことになる象徴的な表現方法を学びます。私たちは神秘学の訓練をするときに、このような象徴をもちいた表現方法をみずから習得しなくてはなりません。しかし、だからといって、私たちは通常の言葉による表現をとおして、高次の世界の性質について何も学ぶことができないというわけではありません。

先に述べたように、まず最初に、私たちが深く眠っているときに無意識の海からさまざまな体験が浮かび上がってきます。このような体験について正しくイメージするには、この体験を一種の聴覚にたとえるのがよいでしょう。私たちはこの体験を、知覚された音や言葉として表現することができます。たとえば夢を見る眠りの体験を、感覚的な知覚における一種の視覚として表現するのと同じように、私たちは、深い眠りのなかで生じる事象を耳をとおして受け取る印象にたとえることができるのです。

(つけ加えておくと、霊的な諸世界においても、聴覚と視覚とでは視覚のほうが高度な性質を備えています。深い眠りのなかで体験する、このような高次の世界においても、色彩のほうが音や言葉よりもレベルが高いのです。そのため訓練をするときに、神秘学の学徒がこの高次の霊的な世界において最初に知覚するのは、まだレベルが高い色彩ではなく、レベルが低い音のほうなのです。私たちは、人類全体と歩調をあわせて進化を遂げることによって、夢を見る眠りのなかで開示される世界をとらえるのにふさわしい資質をすでに備えているため、夢のなかではすぐに色彩を知覚することができます。これに対して私たちは、深い眠りのなかに姿を現す、より高次の世界をとらえるのにふさわしい資質はまだ十分に備えていません。そのため高次の世界は、まず音や言葉をとおして私たちに開示されることになります。そしてもっとあとになると、私たちはこのような高次の世界においても、色彩や形態へと上昇していくことができるようになります。）

深い眠りのなかでこのような体験をするようになったことに気づいたら、神秘学の学徒はまず最初に、可能な限り、この体験を明確ではっきりとしたものにするように努めなくてはなりません。初めのうちは、それは非常に困難です。なぜなら私たちは、この状態で体験する事柄を、ごくわずかしか知覚できないからです。目覚めると、私たちは自分が何かを体験したことは知っています。しかしそれが何だったのか、私たちはまったく明らかにすることができません。このような初期の状態でもっとも重要なのは、私たちがいつも平静さと落ち着きを保つようにし、ほんの一瞬でも、動揺したり、あせったりしないようにすることです。どのような状況においても、落ち着きのなさや焦燥感は有害な作用しか及ぼしません。平静さを失ったり、急いだりすると、私たちはそれ以上の発達を促進されるどころか、むしろ遅らされることになります。私たちは平静さを保ったまま、おのずと与えられたり、授けられたりするものに身をゆだねなくてはなりません。私たちは強引に何かを手に入れようとするのをやめなくてはなりません。ある時点において眠りの体験を知覚することができないとしても、私たちは辛抱強く、それが可能になるまで待たなくてはなりません。するといつかかならず、眠りの体験を知覚できるようになるときがやってきます。それまで辛抱強く、穏やかな気分でいたならば、私たちはこのとき獲得する知覚能力を、その後も確実に保ち続けることができます。これに対して、このような知覚能力を強引に手に入れた場合には、私たちは長い時間がたつうちに、一度獲得した能力をふたたび失ってしまう可能性があります。

このような知覚能力が現れて、明確に、はっきりと眠りの体験を意識化できるようになったら、次のような点に注意をはらって下さい。

私たちはこのような眠りの体験を、二つの種類に厳密に区別することができます。第一の種類の体験は、私たちがそれまで体験してきたどのような事柄と較べても、まったく異質のものです。私たちは最初のうち、これらの体験に喜びを感じたり、これらの体験を楽しんだりするかもしれません。しかし私たちは、とりあえず、このような体験をそのままにしておくことにしましょう。この体験は、私たちがもっとあとになって本格的に足を踏み入れることになる、高次の霊的な世界の最初の現れなのです。

第二の種類の体験は、注意深く観察してみると、私たちが生活している日常的な世界とある種の類縁関係にあることがわかります。すなわちこのような種類の眠りの体験は、私たちが昼間生活しているあいだにそれについて思考し、理解しようとしても、通常の悟性ではとらえることができない周囲の世界の事象について、明らかにしてくれるのです。日常生活において、私たちは自分のまわりに存在する事柄について考えます。私たちは事物のつながりを理解するために、さまざまな表象を作り上げます。あるいは私たちは、感覚をもちいて知覚した事柄を、概念をとおして理解することを試みます。第二の種類の眠りの体験は、これらの日常的な表象や概念と関わります。このような眠りの体験をとおして、それまでの影のような暗い概念が、感覚的な世界の音や言葉にのみたとえることができるような、響きにあふれた生き生きとした性質を帯びるようになります。私たちは次第に、解かなくてはならない謎の答えが高次の世界から音や言葉をとおして伝えられるのを感じるようになります。私たちは、このようにして別の世界からやってくるものを日常生活と結びつけることができます。私たちは、それまで思考のみをとおしてとらえていた事柄を、感覚的な世界の出来事と同じくらい生き生きと、内容豊かに体験することができるようになります。私たちが感覚的な知覚をとおしてとらえる姿だけが、感覚的な世界の事物や存在のすべてではありません。実際には感覚的な世界の事物や存在は、霊的な世界の現れであり、表現なのです。いまやそれまで隠されていた霊の世界が、周囲の世界全体のなかから神秘学の学徒のほうに鳴り響いてきます。

このように見ていくことによって、「物質体の感覚器官が健全に形成されている場合にのみ、私たちは物質的な世界を正しく観察するためにこれらの感覚器官をもちいることができるようになる。そしてそれと同じように、新たに開かれた魂的な感覚がすべて正しく整えられているときにだけ、高次の知覚能力は私たちに幸せをもたらしてくれる」ということが明らかとなります。神秘学の修業で指示される訓練をとおして、私たちは自分自身でこのような高次の感覚を形成していくのです。

このような修業方法の一つとして、世界の秘密と結びついた特定の表象や概念に注意を向ける集中（コンセントレーション）の訓練があります。またさらに指定された方法で、世界の秘密と関わる理念のなかで生き、そのなかに完全に没頭する瞑想（メディテーション）の訓練があります。集中と瞑想をとおして、私たちは自分自身の魂に働きかけます。集中と瞑想をとおして、私たちはみずからの魂のなかに魂的な知覚器官を発達させます。集中と瞑想の課題に没頭するうちに、胎児が母親の胎内で成長するように、私たちの体のなかで魂が目覚めます。そして眠っているときに、先に述べたようなさまざまな体験をするようになると、私たちの自由になった魂が誕生する瞬間が近づいてきます。このような一連のプロセスを通過することによって魂は、本当の意味において別の存在になります。私たちはこのような別の存在を自分自身のなかで芽生えさせ、成熟させたのです。

私たちは、集中と瞑想の訓練を注意深く行うようにしなくてはなりません。集中と瞑想の訓練は高次の人間の魂的な本質が芽生え、成熟するための法則と結びついているため、私たちは、訓練を厳密に遵守する必要があります。魂が誕生を迎える時点で、高次の人間の魂的な本質は、それ自体、調和的に正しく構成された有機体に形成されていなくてはなりません。もし私たちが指示された訓練の何かをやりそこなうと、このような魂的な生命存在は一定の規則に従った誕生を遂げることができなくなり、生きる能力を欠いたまま霊的な領域で流産してしまうことになります。

高次の人間の魂的な本質が最初は深い眠りのなかで誕生する理由は、次のように考えると理解できます。すなわちまだ弱々しく、ほとんど抵抗力がないうちは、高次の人間の魂的な有機体は、感覚的な日常生活のなかに現れても、日常生活の強くて激しい事象に妨げられてしまうため、本来の力を発揮することはできません。この魂的な有機体の活動は、体の活動によってかき消されて、まったく観察できなくなってしまうのです。これに対して私たちが眠りにつくと、体の活動のうち、感覚的な知覚の影響を受けている部分は休息します。そのときようやく、昼間のあいだは弱々しくて目立たなかった、高次の魂の活動が姿を現すようになるのです。

このような場合においても、神秘学の学徒は、覚めた高次の魂を昼間の意識のなかに受け入れることができるようになるまではこれらの眠りの体験を確実に認識することはできない、という点に注意をはらって下さい。目覚めた高次の意識を昼間の意識のなかに受け入れるようになると、学徒は昼間のさまざまな体験をする合間に（あるいは昼間の体験をしているまさにそのときに）、霊的な世界をその性格に従って知覚できるようになります。つまり学徒は周囲の世界の秘密を、魂的なものをとおして音や言葉としてとらえるのです。

私たちはこの段階において、次のような点を理解しなくてはなりません。すなわち私たちは最初のうちは、相互に関連しあっていない、それぞれ独立した霊的な体験と出会うことになります。この時点で私たちは、これらの霊的な体験をもとに、ひとまとまりの（あるいは相互に結びついた）認識の建造物を作り上げることを試みないようにしなくてはなりません。もしこのような試みを行うならば、あらゆる空想上の表象や理念が魂の世界のなかに紛れ込んでくるに違いありません。そうなると私たちは容易に、現実の霊的な世界とは無関係な世界を自分で作り上げてしまうことになります。神秘学の学徒は、きびしく自分自身をチェックする訓練を続けなくてはなりません。個々の実際の体験をいっそう明確にとらえるように努めながら、自然に生じる新しい体験が、いままでの体験とおのずと結びつくようになるまで待ち続けるのが正しいのです。

参入し始めた霊的な世界から力を受け取りながら、正しい訓練を続けることによって、神秘学の学徒の意識は深い眠りのなかでますます拡大するようになります。無意識のなかから多くの体験が姿を現し、眠りのなかで無意識的な要素が占める割合は少なくなっていきます。そのときさまざまな眠りの体験は、おのずと結合しあうようになります。たとえ私たちが感覚的な世界に向けられた悟性のみをもとに連想や推論を行うとしても、これらの体験が結びつく妨げになることはありませんが、それでも、感覚的な世界で習慣的に身につけている思考を、できるだけ高次の体験のなかに紛れ込ませないようにするのがよいのです。

このような訓練を続けるうちに、私たちは高次の認識に到る道において、ますます新しい段階に近づきます。この新しい段階では、それまで眠りのなかに存在していた無意識の状態が、完全に意識的な状態に変化します。そのとき私たちは、眠りについて体を休息させるときに、目覚めている場合と同じように、一つの現実の世界のなかで生きることになります。

当然のことながら、私たちは睡眠中、最初のうちは体の周囲にある感覚的な世界とは別の現実と関わりあうことになります。ですから、しっかりと感覚的な世界の地面の上に立ち、空想家にならないようにするためには、私たちは、この次の段階としては、高次の眠りの体験を自分の周囲の感覚的な世界と結びつけることを学ばなくてはなりません。しかし、そうはいっても、私たちが最初に眠りのなかで体験する世界は、すでにそれ自体、まったく新しい開示と見なすことができるのです。

神秘学では、学徒が眠りのなかで意識を保つようになるこの重要な段階は、意識の持続性（連続性）と呼ばれています。*原註

この段階まで到達すると、物質体が休息し、魂が物質体の感覚的な器官をとおして外界の印象を受け取らなくなったときにも、私たちはいつも何かを体験したり、経験したりするようになります。

＊原註——ここで述べている事柄は、霊的な発達の途上の段階にいる学徒にとっては、長い訓練の道の終点にある、一種の「理想」です。神秘学の学徒は、とりあえず、二つの状態をめざすことになります。まず最初に学徒は、いままで無秩序な夢だけが可能であった魂の状態のなかで意識を保つようにします。その次に学徒は、いままでの夢のない無意識的な眠りの状態のなかで意識を保持することに専念します。

▼神秘学の訓練に伴う人格の分裂

人間の魂は、睡眠中は、物質体の感覚器官をとおして伝えられる情報を受け取ることはできません。このような状態にあるときには、通常の外界に関する知覚が人間の魂のほうに流れ込んでくることはありません。このとき人間の魂は、目覚めているときに感覚的な知覚と思考を伝達する構成要素（すなわち物質体）の外に出て、物質的な感覚をとおして観察することができない繊細な体《たい》Leib（エーテル体とアストラル体）のみと結びつきます。人間が眠っているときも、これらの繊細な体は活動をやめることはありません。人間が目覚めているあいだ、物質体は物質的な世界の事物や存在と結びつき、これらの事物や存在から作用を受け取ったり、逆にこれらの事物や存在に働きかけたりしますが、このとき同時に人間の魂は高次の世界のなかで生活しています。そして魂によって営まれるこのような生活は、人間が眠っているあいだも、持続します。事実、睡眠中も、人間の魂は完全に活動しています。ただし霊的な知覚器官を備えていないうちは、人間はこのような自分自身の魂の活動について、何も知ることはできません。霊的な知覚器官を備えるようになると、人間は、昼間生活しているときに通常の感覚をもちいて周囲の物質的な世界を知覚するのと同じように、睡眠中も、自分のまわりで起こっていることや、自分自身が行うことを観察できるようになります。すでにこれまでの章で述べてきたように、神秘学の訓練の目的は、このような霊的な感覚器官を育成することにあります。

前の章で解説したように、神秘学の訓練をすることによって眠りの生活が変化すると、私たちは、眠っているときに自分のまわりで生じる事象を意識的に追っていくことができるようになります。目覚めた日常生活を送っているときに通常の感覚をとおしてさまざまな事柄を体験するのと同じように、私たちは睡眠中も、自分をとりまく世界のなかを自由に進んでいきます。この場合私たちは、通常の感覚的な世界を本当の意味で正しく知覚するためには高いレベルの霊視が必要になる、という事実に注意をはらわなくてはなりません（この点に関しては、すでに前の章で概略を述べました）。霊的な発達の初期段階においては、神秘学の学徒は霊的な世界に属する事象しか知覚することはできません。この段階では学徒は、霊的な事象が日常的な感覚の世界に存在している事物と結びついている、ということに気づかないのです。

　このような特徴をもった夢と眠りの生活は、人間のなかでつねに営まれています。人間の魂はたえず高次の世界で生活し、そのなかで活動を続けています。人間の魂は高次の世界から衝動を受け取り、この衝動をとおしてたえず物質体に働きかけます。人間はこのような自分自身の高次の生活を意識しないでいるだけなのです。神秘学の学徒は、このような高次の生活を意識化します。そしてそのことによって、学徒の生活は別のものに変化するのです。

　高次の意味において霊視することができないうちは、私たちの魂は高次の宇宙的な存在によって導かれます。しかしながら神秘学の訓練をすることによって、私たちの生活は変化します。それは、手術を受けて目が見えるようになると、盲人の人生はそれまでとは別のものに変わり、それまで盲目だった人が、それからは人に導いてもらうのではなく、自分で自分を導かなくてはならなくなるのと同じことなのです。神秘学の訓練をとおして、私たちは高次の宇宙的な存在の指導から離れ、みずからの手で自分自身を導かなくてはならなくなります。このとき私たちは、通常の意識状態にあるときには想像することもできないような誤謬に陥る危険にさらされます。いままでは高次の霊的な力は、私たちによって意識されないまま、高次の世界から私たちに作用していましたが、これからは私たちは高次の世界から自分自身で力を汲み取りながら行動しなくてはなりません。これらの高次の霊的な力は、普遍的な宇宙の調和によって秩序立てられています。しかしいま、神秘学の学徒である私たちは、このような宇宙の調和の外に歩み出ます。私たちは、いままでは自分から何もしなくても、高次の霊的な力が行ってくれたことを、これからはみずから行わなくてはならなくなるのです。

そのためこのような事柄を取り扱う文献では、学徒が高次の世界に上昇するときに生じる危険について、多くのことが語られています。このような危険に関する記述を読むと、不安に陥りやすい人は、高次の生活に対して恐れを抱くかもしれません。この点に関しては、このような危険が生じるのは必要な予防措置がほどこされない場合だけである、と述べておく必要があります。真の神秘学において伝えられる助言に実際に従うならば、私たちは上昇し、感覚的な人間が想像力を強く働かせても思い描くことができないような、力と偉大さにあふれた体験をすることになります。しかもこのとき、私たちの健康や生命がそこなわれることはまったくありません。

私たちは、人生のいたるところで人間をおびやかす、恐るべき力と出会います。私たちは、感覚的には知覚できない力と存在を、みずから使うことができるようになります。このとき生じる大きな誘惑に負けてしまうと、私たちはこれらの力を自分自身の許されない関心を満たすために身につけたり、高次の世界に関する不十分な認識に基づいて、誤った方法でこれらの力を使用したりすることになります。これらの重要な体験（たとえば「境域の守護者」との出会い）のいくつかに関しては、本書のあとのほうで述べることにしましょう。

たとえ当人がそれについて知らなくても人間の人生に敵対する力は存在している、という事実に、私たちは注意をはらわなくてはなりません。人間がそれまで隠されていた高次の世界に意識的に足を踏み入れると、高次の力の作用を受けることによって、これらの敵対する力と人間の関係は実際に変化します。そしてそれとともに私たち自身の存在も高められることになり、私たちの生活の領域は拡大し、豊かなものになります。実際に危険が生じるのは、あせったり、謙虚さを失ったりすることによって、神秘学の学徒があまりにも早い時期に自立して高次の世界を経験するようになったり、超感覚的な法則を十分に認識できるようになるまで待てなかったりする場合だけです。高次の領域では、謙虚さやつつましさという言葉には、日常生活の領域でもちいられる場合よりも、はるかに多くの内容が含まれています。最高の意味において謙虚さやつつましさを身につけるとき、学徒は、「通常の意味における健康や生命をすべて保持しながら、私はまったく危険に陥ることなく、高次の生活へと上昇していくことができる」という確信を抱くことができるのです。

私たちはとくに、高次の認識と、日常生活の出来事や要求のあいだに不調和が生じないようにしなくてはなりません。私たちは、この地上に自分自身の仕事を探すようにしなくてはなりません。この地上の仕事を離れて別の世界に逃避しようとしても、私たちは結局は、思いどおりにはいかないことを思い知らされることになります。

私たちが感覚をとおして知覚するのは、世界の一部分でしかありません。霊的なもののなかには、感覚的な世界の事実のなかに姿を現す存在たちがいます。霊の開示を感覚的な世界にもたらすためには、私たちはみずから霊的なものに関与しなくてはなりません。霊の国から受け取ったものをもたらすことによって、私たちは地球そのものを変化させます。私たちの仕事は、まさにこのような点にあります。私たちが感覚的にとらえる地球は、霊的な世界に依存しています。創造的な力が隠されている、このような霊的な世界に関与するときにのみ、私たちは本当の意味において、地上での仕事をはたすことができるようになります。だからこそ私たちは、これらの創造的な力をめざして上昇していかなくてはならないのです。このような態度で神秘学の訓練を行うようにし、このような訓練において示される道から逸れないようにいつも心がけるならば、私たちは危険を恐れる必要はありません。私たちは、危険に陥る可能性があるからという理由で、神秘学の訓練をやめるべきではありません。むしろ危険に陥る可能性を認識することによって、私たちは、真の神秘学の学徒が身につけるべき特性を育てるように、強くうながされるべきなのです。

皆さんが恐怖を抱くことがないように、まず以上のような事柄について述べておきました。では次に、このような前提条件を踏まえた上で、さらにいくつかの「危険」について解説することにしましょう。

神秘学の学徒が訓練を続けるうちに、より繊細な体《たい》であるエーテル体とアストラル体に大きな変化が生じます。このような変化は、意志と感情と思考という、魂の三つの基本的な力が発達していく過程と結びついています。私たちが神秘学の訓練を始めるまでは、これらの三つの力は高次の世界の法則によって支配されながら、特定の形で結合しています。私たちは好き勝手に意志を抱いたり、感じたり、考えたりすることはありません。たとえばある観念が意識のなかに浮かび上がってくると、自然の法則に従って、特定の感情がこの観念と結びついたり、一定の法則に従って、この観念と結合する意志決定が行われたりします。たとえばある部屋に入って、蒸し暑いと思うと、私たちは窓を開けます。自分の名前が呼ばれると、私たちは返事をします。人から何かを問いかけられると、私たちは答えます。悪臭を放つものを見ると、私たちは不快感を覚えます。このように思考と感情と意志は、素朴な形で結びついています。人間の生活を概観してみると、人生のなかに生じる事柄はすべて、このような思考と感情と意志の結合に基づいていることがわかります。思考と感情と意志が人間的な本性の法則に基づいて結びついている場合にのみ、人間の生活は「ノーマルな」ものと見なされます。もし悪臭を放つものを見て快感を覚えたり、誰かに問いかけられても何も答えようとしない人がいるとしたら、その人の生活は人間的な本性の法則に逆らっている、と考えるほかはありません。

一般的な教育に関しても、私たちは、「人間的な本性にふさわしい形で生徒の思考と感情と意志を結びつける」という前提に立ちながら、将来正しい教育や適切な授業が豊かな実を結ぶことを期待します。私たちは教育の場において、もっとあとになってから一定の法則に従って感情や意志決定と結びつくだろう、という仮定に立って、生徒に何らかの表象を伝えるのです。

生活のなかで思考と感情と意志がこのように結びつくのは、人間のより繊細な体であるエーテル体とアストラル体のなかに存在している、思考と感情と意志という三つの力の中心が、一定の法則に従って結びついているからです。繊細な魂の有機体におけるこのような結合は、より粗雑な体である物質体のなかに反映されています。物質体においても、意志の器官は、一定の法則に従って思考や感情の器官と結びついています。そのためある思考は、一定の法則に従って、特定の感情や意志の活動を呼び起こすのです。

ところが私たちが高次の発達を遂げるようになると、それまで思考と感情と意志という三つの基本的な力を結びつけていた糸は断たれることになります。最初のうちは、この糸は、より繊細な魂の有機体のなかだけで断たれますが、学徒がより高みへ昇っていくと、物質体のなかでも、この糸が断たれるようになります。

（人間が高次の霊的な発達を遂げると、たとえば脳は実際に三つの部分に分離します。ただし私たちは、通常の感覚的な観察をとおしてこのように脳が分離する様子を知覚したり、精密な感覚的な器具をもちいてこの分離の現象を科学的に証明することはできません。しかし脳の分離は確実に生じる現象であり、霊視者はこの現象を観察することができます。すなわち高次の霊視者の脳は、思考と関わる脳・感情と関わる脳・意志と関わる脳という、自立して活動する三つの部分に分離するのです。）

このときから思考と感情と意志の器官は、それぞれ自由に、独立して存在するようになります。これらの器官は、もはや器官それ自体のなかに内在する法則をとおして結びつくことはありません。私たちは目覚めた高次の意識をとおして、自分自身でこれらの器官を結びつけなくてはならないのです。

学徒は自分のなかに変化が起こったことに気づきます。すなわち学徒がみずからそうしようとしない限りは、観念と感情が、あるいは感情と意志決定が、ひとりでに結びつくことはなくなります。また学徒は、何らかの衝動をとおして、ある思考をもとにして特定の行動を取るように駆り立てられることもありません。学徒は自分自身のなかに、自発的に衝動を呼び起こさなければならないのです。

訓練を始める以前には、学徒はある事実と出会うと燃えるような愛情を抱いたり、激しい憎しみを抱いたりしましたが、いまでは学徒は同じ事実を前にしても、まったく何も感じないでいることができます。訓練を始めるまでは、学徒はある思考を抱くと、熱狂的にある行動を取りましたが、いまでは、同じことを考えても、まったく行動しないでいることができます。また学徒は、純粋な意志決定のみに基づいて行動することもできます。神秘学の訓練を体験したことがない人は、このような意志決定のなかに、行動を取る動機をまったく見出すことはできません。

このようにして神秘学の学徒は、三つの魂の力の相互作用を完全に支配することによって、重要なことをなしとげます。そしてこの際、どのようにして三つの魂の力を相互に作用させるか、ということは、完全に学徒自身の責任にゆだねられているのです。

自分自身の本質をこのようにして変化させることによって、ようやく学徒は特定の超感覚的な力や存在と意識的に結びつくことができるようになります。思考・感情・意志という学徒自身の魂の力は、それぞれ、世界のなかの特定の基本的な力と類縁関係にあります。たとえば私たちは、意志のなかに存在する力をとおして、高次の世界の特定の事物や存在に作用を及ぼしたり、これらの事物や存在を知覚したりすることができます。そしてそのためには、意志の力は魂のなかで、感情や思考と結合している状態から解き放たれていなくてはなりません。このような結びつきが解かれるときに、意志の作用は外に向かって現れるのです。

同じようなことは、思考や感情の力に関しても生じます。もしある人が憎しみの感情を向けてくるとき、霊視者はこの感情を特定の色調を帯びた繊細な光の雲としてとらえます。そして感覚的な世界の人間が自分に加えられる物理的な一撃から身を守るのと同じように、霊視者はこのような憎しみの感情をはねつけることができます。超感覚的な世界では、憎しみははっきりと霊視することができるような現象となって姿を現します。感覚的な世界の人間は目の感覚を外に向けることによって対象をとらえますが、霊視者は自分の感情の力を外に向かって送り出すことによって、憎しみを知覚することができるのです。憎しみだけではなく、感覚的な世界のさらに重要な事象に関しても、同じようなことがいえます。私たちは魂の基本的な力の一部を働かせることによって、これらの事象と意識的に交流することができるようになります。

神秘学の指示を守らないと、思考と感情と意志の力を切り離すことによって、私たちが霊的な発展の道から逸脱する可能性が三つ生じます。私たちはまず初めに、調和的に自由に作用しあうように、切り離された力を正しく制御することができるようになるまで、高次の意識をとおして認識を高めなくてはならないのですが、それ以前の段階で不用意に思考と感情と意志の結びつきを切り離すと、私たちは霊的な発達の道から逸脱してしまう可能性があります。

一般的に見て、人生の特定の時期に、思考・感情・意志という人間の三つの基本的な力がすべて同じレベルまで発達していることはありません。ある人の場合には、思考は感情や意志よりも高度に発達していますし、別の人の場合には、思考以外の力が残りの二つの力を圧倒しています。しかしながら高次の世界の法則によって生み出された力の結びつきが保たれている限りは、三つの力のうち一つだけが目立った働きをするとしても、霊的な混乱をもたらすような、無秩序な状態が生じることはありません。

たとえば意志の力が強い人の場合には、訓練を始める前の段階では、思考と感情が、三つの力をまとめる高次の世界の法則をとおしてバランスを生み出すように作用するため、目立った働きをする意志だけが悪い方向に向かうことはなくなります。しかしこの人が神秘学の訓練を始めると、思考と感情が意志に対して、正しい法則に従った影響を及ぼすことはなくなるため、その人は意志をとおして激しい力の行為へとたえず駆り立てられるようになります。その人が高次の意識を支配しながら、魂の力を調和させるようにしないと、意志はそれ自身で勝手に一人歩きを始めるようになります。意志は、たえずその担い手である人間を圧倒します。感情と思考は完全に無力になります。その人は奴隷のように、意志によって支配され、駆り立てられます。そしてついには、次々と自分勝手な行動を取ろうとする強引な性質が、その人のなかに現れるようになります。

第二の逸脱は、一定の限界を越えて、感情が正しい法則によって支配されなくなるときに生じます。むやみにほかの人を崇拝したがる人は、極度に他者に依存するあまり、ついには自分自身の意志や思考を失ってしまいます。そうなると高次の認識が生じるかわりに、その人の運命は、悲惨といってよいほど、空疎で無力なものになります。あるいは、信仰にあつく、宗教的な高揚を好む人のなかで感情生活が優位を占めるようになると、その人は宗教にのめり込み、惑溺してしまう可能性があります。

第三の弊害は、思考が優位に立つときに生じます。この場合には人間のなかに、人生に敵意を抱き、自分のなかに閉じこもってしまうような内省的な性質が現れます。このような人にとって、際限のない知的な欲求を満足させる対象を提供してくれるという点においてのみ、世界には意味があります。その人は、どのような思考によっても、ある行動を取ったり、ある感情を抱いたりするように駆り立てられることはありません。その人はどこへいっても、無関心で冷ややかな性質を保ち続けます。その人は日常的な現実と結びついた事柄と関わりあうことに強い嫌悪感を抱いたり、あるいは少なくとも、そのような事柄と関わりあうのはまったく無意味だと考えたりします。そのため、その人は日常的な現実に属する事柄に関与するのを避けようとします。

このように神秘学の学徒は、強引な性格・感情への惑溺・愛情を欠いた冷ややかな知的欲求という、三つの誤った道に陥る可能性があります。表面的に観察してみると（たとえば一般的な医学の見地から唯物論的に観察してみるだけでもよいのですが）、このような誤った道に入り込んでしまった学徒が陥る状態は、程度によっては、心を病んだ人や重い「神経症の人」の症状とほとんど同じであることがわかります。

もちろん神秘学の学徒が、心を病んだ人と同じ状態に陥るようなことがあってはなりません。神秘学の学徒が何よりも心がけなくてはならないのは、まず思考・感情・意志という三つの基本的な魂の力を調和的に発達させてから、そのあとで三つの魂の力の結びつきを解き、目覚めた高次の意識によってこれらの力を支配するようにすることなのです。

学徒がひとたび誤りに陥り、思考・感情・意志という基本的な力をコントロールすることができなくなると、高次の魂は流産してしまうことになります。学徒の人格は制御できない力によって支配されるようになり、その後長い期間にわたって、すべてをふたたびバランスのとれた状態に戻すことができなくなります。神秘学の訓練を始める以前は、意志と感情と思考のいずれかが優位を占めていても、それは害のない、その人の性格的な素質と思われていたのに、神秘学の学徒になってからは、このような性格的な素質が強まることによって、生きていく上で必要な普遍的な人間性が完全に失われてしまうことになります。

学徒が眠りの意識のなかで体験したことを目覚めた状態においても意識化できるようになると、そのとき本当の意味での危険が生じます。眠りの生活の一部をところどころ意識化できるようになった学徒は、普遍的な世界の法則によって支配されている目覚めた感覚的な生活をとおして、崩された魂のバランスを回復させるような作用を受け取ります。ですから神秘学の学徒が目覚めているときに営む生活は、あらゆる面において規則正しい、健全なものにならなければなりません。体と魂と霊を健全に力強く育成しようとする外界の要求に従えば従うほど、学徒はいっそうよい影響を受けます。

これに対して、目覚めているときの日常生活の作用を受けて興奮したり、疲れたりすると（つまり学徒の内面に生じる大きな変化に、外界で営まれる生活の破壊的で妨害的な作用が加わると、学徒はよくない影響を受けることがあります。学徒は自分の力と能力にふさわしいものを（すなわち学徒が妨害的な作用を受けることなく、調和的に周囲の世界とともに生きていくことを可能にしてくれるものを）、すべて探し求めるようにしなくてはなりません。そしてこのような調和を崩し、生活をあわただしく落ち着きのないものにする要素を、すべて避けるようにしなくてはなりません。この場合には、不安やあわただしさを外から取り除くことよりも、自分自身の気分や意図や思考や肉体の健康が持続的に不安定な状態に陥らないように気をつけることのほうが大切なのです。

ひとたび神秘学の訓練を始めると、この点に気をつけるのは、それまでのように簡単なことではなくなります。人生に影響を及ぼすようになった高次の体験は、私たちの存在全体にたえず作用し続けます。このような高次の体験のなかに、規則正しく整えられていない要素が混じっていると、私たちは無秩序な状態に陥り、ふとしたことがきっかけとなって、一定の秩序に従って整えられている軌道からふり落とされてしまうかもしれません。ですから神秘学の学徒である私たちは、自分自身の存在全体を確実に支配することができるように、万全を尽くさなくてはなりません。私たちは冷静さを欠いたり、自分自身の人生の状況を穏やかに観察し、概観しようとする態度を失ったりしてはなりません。基本的には、真の神秘学の訓練を行うと、これらの特性すべてが私たちのなかにおのずと生み出されます。危険をはらいのけるのに十分な力をふさわしい時期に身につけるとき、私たちはようやく、神秘学の訓練に伴う危険について学ぶことができるようになるのです。

▼境域の守護者

高次の世界に向かって上昇するとき、私たちは「境域の守護者 Hüter der Schwelle」と出会うという重要な体験をします。境域の守護者は一人ではなく、実際には「境域の小守護者」と「境域の大守護者」の二人がいます。

前の章で述べたように意志と思考と感情を結びつける糸が繊細な体（アストラル体とエーテル体）のなかで解かれるようになると、私たちは「境域の小守護者」に出会います。そしてさらに物質体のさまざまな部分において（最初は脳において）も、意志と思考と感情の結びつきが解かれると、私たちは「境域の大守護者」に出会います。

「境域の小守護者」は独立した存在です。ふさわしい発達段階に到達するまでは、私たちはこの独立した存在と出会うことはできません。ここでは、「境域の小守護者」のいくつかの重要な特性についてのみ、解説することにします。

まず最初に、神秘学の学徒が境域の守護者と出会う様子を、物語形式で記述してみることにしましょう。学徒は、境域の守護者と出会うことによって初めて、自分自身の思考と感情と意志の本来の結びつきが解かれたことに気づくのです。

恐ろしい幽霊のような存在が学徒の前に立っています。このとき学徒は冷静さを保ちながら、それまで自分は神秘学の訓練をとおして確実な認識のプロセスを身につけてきた、ということを信頼しなくてはなりません。

そして境域の守護者は自分が現れたことの意味を、ほぼ次のような言葉で語るのです。

あなた自身が見ることのできない力が、いままであなたを支配していました。あなたがこれまでさまざまな受肉状態を体験したとき、これらの力の作用をとおして、あなたの善なる行為はすべてよい報いを受け、悪い行動はすべてよくない結果をこうむりました。そしてこれらの力の影響を受けながら、あなたの性格が人生の経験や思考をもとに作り上げられていきました。さらにこれらの力は、あなたの運命を生み出しました。これらの力は過去のさまざまな受肉状態であなたが行った行為をもとに、一回ごとの受肉状態で、あなたがどれだけ喜びと苦しみを体験するかを決定しました。これらの力はすべてを包み込むカルマの法則 Karmagesetz として、あなたを支配してきました。

しかしこれから先、これらの力は、いままであなたを制御してきたたずなの一部をゆるめます。これらの力があなたのために行ってきた仕事の一部を、今後は、あなたは自分で引き受けなくてはならないのです。

＊　＊

いままであなたは、多くの苛酷な運命の打撃をこうむってきました。あなたは、なぜ自分がそのような目にあうのか、理解できませんでしたが、じつはそのような運命の打撃は、あなたが過去の受肉状態において何かを傷つけるような行為をした結果、生じたものだったのです。

また、あなたは幸せと喜びに出会って、それを享受したこともあります。このような幸せと喜びもまた、過去の行為の結果として生じたものだったのです。あなたの性格のなかには、多くのすばらしい長所と、多くの醜悪な欠点があります。あなたはこのような長所と欠点を、過去の体験や思考をとおして、自分で生み出したのです。いままであなたは、自分自身が過去に体験したり、考えたりしたことについては何も知りませんでした。過去の体験や思考から生じる作用だけが、あなたの前に姿を現していました。しかしカルマ的な力は、あなたが過去の人生で行った行為や、あなたのもっとも深い部分に隠された思考や感情を見抜いていました。そしてそれにおうじて、カルマ的な力は、いまあなたがどのような存在として、どのように生きるか、ということを決定したのです。

しかしいま、過去の受肉状態のよい面と悪い面は、すべてあなたの前に姿を現さなくてはなりません。いままでにも、これらの特性はあなた自身の本質のなかに組み込まれ、つねにあなたのなかに存在していたのですが、自分自身の脳を物質的な方法で見ることができないのと同じように、あなたはそれらをじかに見ることはできなかったのです。

いま、あなたのよい面と悪い面はあなたから離れて、あなたの人格の外に出ます。それらは独立した姿を現します。あなたは、外界の石や植物を見るのと同じように、それらが独立した姿を見ることができます。

そして私こそが、あなたのよい面と悪い面が独立して姿を現したものなのです。私という存在は、あなたの崇高な行為や悪い行為をもとに、私自身の体を形成しました。幽霊のような私の姿は、あなた自身の人生のカルマ的な出納帳をもとに作り上げられました。いままであなたは、私を見ることができませんでしたが、あなた自身のなかにはいつも私がいました。それは、あなたのためにはよいことでした。いままで、あなたには隠されていた運命の知恵は、私の姿のなかの醜い欠点を消すように作用してきました。しかし私があなたの外に出たいま、この隠された知恵もあなたのもとを去りました。これから先は、隠された知恵は、もうあなたの世話を焼いてはくれません。隠された知恵は、いままで自分がしてきた仕事をあなた一人の手にゆだねます。もし私が破滅してはならないのだとしたら、私は完全で壮麗な存在にならなくてはなりません。もし私が破滅してしまうと、私はあなたをもいっしょに暗い奈落の底に引きずり込むことになるでしょう。

そのようなことが起こらないようにするためには、あなた自身の知恵が、あなたのもとを去った隠された知恵の仕事を引き継ぐことができるくらい、偉大なものにならなくてはなりません。

ひとたびあなたが、私が守っている境域を越えると、私は目に見える姿で現れ、その後は一瞬たりとも、あなたのそばを離れることはありません。今後不正なことを行ったり、考えたりするたびに、あなたは、私の姿が悪魔的に醜くゆがむのを見て、すぐに自分自身の罪に気づくことになるでしょう。あなたが過去の過ちをすべて償い、それ以上悪いことがまったくできなくなるまで自分自身を浄化したら、ようやく私の存在は輝くような美しい姿に変わります。そのとき私は、あなたの未来の活動を祝福しながら、ふたたびあなたと一体化し、あなたとともに一つの存在になることでしょう。

あなたのなかに残っている恐れの感情や、すべての行為や思考に対する責任を完全に引き受ける力は自分にはないのではないか、という不安感をとおして、あなたは私の境域と出会います。あなたが自分自身でみずからの運命を導くことに恐れを感じているあいだは、この境域には必要な部分が欠けていることになります。そして境域を構成する要素が一つでも不完全であるうちは、あなたは呪縛されたようにこの境域で立ち止まったり、つまずいたりします。ですからあなたが恐怖から完全に解放され、最高度の責任を自分で引き受ける心がまえができるまでは、この境域を越えようとしてはなりません。

いままでは、死をとおしてあなたが地上の人生から呼び戻されるときには、私はただあなた自身の人格の外に出るだけでした。そしてそのような場合でも、私の姿はあなたの目に触れないように覆い隠されていました。しかし死と新たな誕生のあいだの時期に、あなたを支配する運命の力は、私の姿に目を向けながら、次の地上の人生において、私の姿を美しいものに変え、あなた自身が向上することができるように、あなたのなかに力と能力を育てました。私の姿が不完全だからこそ、運命の力はあなたを地上での新しい受肉状態に繰り返し連れ戻さざるをえなかったのです。以前あなたが死んだとき、私はその場に居あわせていました。そして私のために、カルマの導き手はあなたがふたたび生まれることを決定しました。もしも新しい人生を繰り返し生きることによって、おのずと私を完全な存在に作り変えていたならば、あなたは死の力をとおして死ぬこともなく、完全に私と結びつき、私と一体になりながら、不死の生活に移行していったことでしょう。

私はこれまで、あなたが死ぬ瞬間に目に見えない姿でそばに立っていましたが、いま、私は目に見える姿であなたの前に立っています。私の境域を踏み越えると、あなたは、いままであなたが地上を去るたびに足を踏み入れてきた領域に入っていくことになります。あなたは完全に意識的にこれらの領域に足を踏み入れ、それから先はずっと、外面的に目に見える姿をとって地上で生活しているときにも、同時に死の領域で（しかし本当は、それは永遠の生命の領域なのです）活動することになります。ある意味において、私は死の天使です。しかし同時に私は、けっして涸れることのない高次の生命をもたらす存在でもあります。生きている肉体のなかにいるときに、あなたは私をとおして死を体験しますが、それはけっして滅ぼすことのできない存在のなかで、ふたたびよみがえるためなのです。

いまあなたが足を踏み入れようとしている領域において、あなたは高次の存在たちと出会います。この領域に関与することによって、あなたは無上の幸福感を味わうことになります。しかしあなたがこの世界で最初に出会うのは私（すなわちあなた自身が生み出した存在としての私）でなくてはなりません。いままでは、私はあなた自身の生の営みをとおして存在していました。しかしいま私は、あなたをとおして自分自身の存在に目覚めました。そして私は、未来の行為の目に見える基準として（場合によっては、あなたをたえず叱責する存在として）、あなたの前に立っています。あなたは私を生み出すことができました。しかしあなたは同時に、私を作り変える義務も引き受けたのです。

＊　＊

私たちは以上のような物語風の記述を、ある種の象徴と考えるのではなく、あくまでも神秘学の学徒が体験する最高度の現実ととらえなくてはなりません*原註。

神秘学の学徒が「境域の守護者」の言葉に含まれている要求にこたえるだけの力を自分のなかに感

じることができないときには、「境域の守護者」はそれ以上先にいかないように警告します。「境域の守護者」がどんなに恐ろしい姿をしているとしても、それは学徒自身の過去の人生の結果であり、学徒の外で独立した生活を営むようになった、学徒本人の特性なのです。意志と思考と感情がばらばらに解き放たれることによって、学徒の特性は独立した生活を営むようになったのです。

このように、自分自身が霊的な存在を生み出した、と初めて感じることが、すでに学徒にとって意味深い体験になります。

このとき学徒はまったく恐怖を抱かないで、恐ろしい姿を見ることに耐えなくてはなりません。学徒は「境域の守護者」と出会った瞬間に、「私には『守護者』の姿を美しいものに変える仕事を完全に意識的に引き受けるだけの力がある」と感じることができなくてはなりません。神秘学の学徒はこのときに備えて、あらかじめ準備しておく必要があります。

「境域の守護者」との出会いに成功することによって、神秘学の学徒が今度体験する死は、過去に地上の人生で体験した死とは、まったく別の出来事になります。学徒は意識的に死を体験します。着古したり、突然破れ目ができて使いものにならなくなったりした服を脱ぐように、学徒は物質体を脱ぎ捨てます。学徒の物質的な意味における死は、学徒とともに生活し、感覚的な世界だけを知覚しているほかの人びとにとってのみ、重大な意味をもちます。確かにこのような人びとにとって、神秘学の学徒は「死にました」。しかし学徒本人にとっては、自分を取り巻く世界全体の意味あいは変わりません。学徒が足を踏み入れた超感覚的な世界全体は、死ぬ前の段階で、すでに学徒の前にふさわしい形で存在していました。この同じ世界が、死後も、学徒の前に存在し続けることになるのです。

さらに「境域の守護者」は別の事柄とも結びついています。私たちは皆、何らかの家族や民族や人種に属しています。この世界で私たちが行う活動は、このような全体性に属していることによって影響を受けます。私たちの特別の性格さえも、このような全体性とつながりがあります。家族や種族や民族や人種と結びついているのは、私たち一人ひとりの意識的な活動だけではありません。家族や人種や民族に特有の性格があるのと同様に、家族や人種や民族全体の運命というものもあるのです。

自分自身の物質的な感覚だけを信頼する人にとっては、このような事柄は普遍的な概念の域を出ることはありません。そして神秘学の研究者が、「一人ひとりの人間の性格と運命が実際の地上的な人格の一部であるのと同じように、家族や民族の性格や種族や人種の運命は、現実的な存在の一部である」というのを聞くと、唯物論的な偏見を抱いている人は、神秘学の研究者を軽蔑したような目で見ます。

神秘学の学徒は高次の世界と出会います。腕や足や頭が人間の構成要素であるように、一人ひとりの人間の人格は高次の世界の構成要素なのです。そして家族や民族や人種の生活において、一人ひとりの人間の外で、家族の魂や民族の魂や人種の霊が現実に作用しています。ある意味においては、個々の人間は家族の魂や人種の霊の意図を実行するための器官にすぎないのです。

たとえば民族の魂は、ある仕事を実行に移すために、その民族に属する一人ひとりの人間を使います。民族の魂そのものは、感覚的な現実世界までは降りてきません。民族の魂は高次の世界で活動します。そして物質的な、感覚的な世界のなかで活動するために、民族の魂は一人ひとりの人間の物質的な器官を使います。それは、建築家が建物の個々の部分を仕上げるために労働者を雇うのと、高次の意味において同じことなのです。

私たちは皆、言葉の真の意味において、家族や民族や人種の魂から仕事を与えられます。ただし感覚的なものだけに目を向けている限りは、私たちはみずからの仕事に託されている高次の意図について知ることはありません。この場合、私たちは無意識的に、民族や人種の魂がめざしている目的のために働きます。

そして「境域の守護者」と出会った瞬間から、神秘学の学徒は、一人の人間としてのみずからの使命を知るだけでなく、自分自身が属している民族や人種の使命のために意識的に働かなくてはならなくなります。視野が広がるたびに、学徒が担う義務も限りなく拡大していくのです。

このとき神秘学の学徒は、実際に、みずからの繊細な魂的な体に新しい体をつけ加えることになります。いわば学徒は、さらに魂的な服を着るのです。それまで学徒は、地上的な人格を包み込む覆いを身にまとって世界のなかで活動していました。共同体や民族や人種のために仕事をしなくてはならないときには、学徒の人格を手段としてもちいる高次の霊が手伝ってくれました。

しかしいま「境域の守護者」は、これから先は高次の霊は学徒を導いてくれない、と告げます。学徒は、あらゆる共同体の外に出ます。このとき、民族や人種の霊に内在している力を自分で身につけておかなかったら、学徒は孤立した人間として完全にかたくなになり、破滅してしまうことでしょう。

このとき多くの人は、次のようにいうことでしょう。「私はあらゆる種族や民族との結びつきから完全に自由になりました。私は単なる人間になりたいのです。私は人間以外の何者にもなりたくありません」

このような人に対しては、次のようにいわなくてはなりません。「誰があなたをこのように自由にしてくれたのですか。家族があなたを世界のなかに生まれさせてくれたおかげで、あなたはいまこうして存在しているのではないのですか。いまのあなたを作り上げてくれたのは、あなたの種族や民族や人種ではないのですか。あなたが属している種族や民族や人種は、あなたを教育してくれました。あなたがあらゆる偏見を乗り越えて、あなたの種族や民族や人種のために光と善行をもたらすことができるのだとしたら、それは種族や民族や人種があなたのためにほどこしてくれた教育のおかげなのです。あなたが『人間以外の何者にも』なりたくない、というときでさえ、あなたがそのようなことをいえるようにしてくれたのは、あなたの共同体の霊なのです」

神秘学の学徒は初めて、民族や種族や人種の霊に完全に去られるということが、何を意味するのかを認識します。学徒は自分自身の体験をとおして、これから先の人生において、これまで民族や種族や人種がほどこしてくれたあらゆる教育が意味を失うことを知ります。それまで学徒が学んだ事柄はすべて、意志と思考と感情の糸が断ち切られることによって、完全に消滅します。学徒はあらゆる教育の成果を振り返ります。いまや学徒にとって、自分が受けてきた教育は一つひとつのレンガに分解してしまった家のようなものであり、学徒はこれからふたたびレンガを積み上げて、新しい形の家を作らなくてはならないのです。

先の「境域の守護者」との出会いに関する描写と同様に、私がこれから記述することにも、単なる比喩以上のものが含まれていると考えて下さい。

「境域の守護者」が最初の要求を語ったあと、「境域の守護者」が立っている場所から旋風が巻き起こります。この旋風は、それまでの人生の道を照らし出してきた霊的な灯りをすべて吹き消してしまいます。完全な闇が神秘学の学徒の前に広がります。この闇のなかでただ一つ輝いているのは、「境域の守護者」自身が発する光だけです。そして闇のなかから、「境域の守護者」のさらなるいましめの言葉が鳴り響いてきます。

＊　＊

目の前に広がる暗闇を自分自身で照らし出さなくてはならない、ということを理解するまで、あなたは私の境域を越えてはなりません。あなた自身のランプに十分に燃料が入っていると確信できないうちは、一歩たりとも、先に進んではなりません。これまであなたが頼りにしてきた、導き手たちのランプは、これから先の未来においては存在しないのです。

＊　＊

この言葉を聞いて、学徒は振り返り、自分の後ろを見ます。そのとき「境域の守護者」は、それまで人生の深遠な秘密を覆い隠していたカーテンを取り去ります。種族や民族や人種の霊が完全な現実として姿を現します。学徒は、いままで自分がこれらの導き手たちによって指導されていたことを知るとともに、これから先はどのような導き手も頼りにはできないことも理解します。これこそが、境域に到達するときに、学徒が「守護者」から受ける第二の警告なのです。

あらかじめ準備ができていないと、私たちはここで述べているような光景を見ることにとうてい耐えられません。しかし境域まで到達することを可能にするような高度な訓練を積んでおけば、私たちは、ふさわしい瞬間に必要な力を見出すことができるようになります。このような訓練は私たちに調和的な作用を及ぼすため、境域を越えて新しい人生に足を踏み入れるときに、私たちが興奮したり、動揺したりすることはなくなります。そうなると神秘学の学徒である私たちは、境域の体験をするときに、新しく目覚めた人生の基調となる至福感を予感することになります。自分が新たに自由になったという感情が、そのほかのすべての感情を圧倒します。そしてこのような自由の感情とともに、一定の段階に到達した人間が当然引き受けなくてはならない新しい義務と責任が姿を現すのです。

＊原註――ここまで述べてきたことから、「境域の守護者」は、目覚めた高次の霊視能力をとおして神秘学の学徒の前に姿を現す、アストラル的な形姿であることがわかります。神秘学を学び続ければ、学徒はいずれはこのような超感覚的な出会いをすることになります。「境域の守護者」を感覚的に目に見える形で出現させようとするのは、低次の魔術的な行為です。このような魔術を行う人は、繊細な物質（さまざまな物質を

特定の方法で混ぜあわせて作る一種の香料）から煙を発生させます。魔術師は高度な力をもちいて、このような煙に形態を与え、人間の清算されていないカルマを煙の実質のなかに映し出すことができます。

　高次の霊視能力を発達させる訓練に取り組んでいる人は、境域の守護者を感覚的に見る必要はありません。もしも十分な準備ができていないうちに、まだ清算されていないカルマを感覚的に生きた存在して見てしまうと、その人はよくない道に逸脱してしまう危険があります。私たちはけっしてこのようなことを求めてはなりません。ブルワー＝リットン[15]は『ザノニ』のなかで、このような種類の「境域の守護者」について小説風に記述しています。

▼生と死――境域の大守護者

すでに述べてきたように、「境域」の小守護者は自分自身で生み出した超感覚的な存在である、ということに気づくからこそ、私たちと「境域」の小守護者との出会いは重要な意味をもつことになります。境域の小守護者の体《たい》は、それまでとらえることができなかった、私たち自身の行為や感情や思考の結果によって作り上げられています。このような目に見えない力が、私たちの運命や性格を生み出すもとになったのです。このとき、私たちが過去にいまの自分自身の基礎を作った、ということが明らかになります。そしてそのことによって私たちの本質が、ある程度まで私たちの前に姿を現します。

たとえば私たちには、特定の好みや癖があります。いま私たちは、なぜ自分にはこのような好みや癖があるのかを理解することができます。また、ある運命の一撃が私たちを襲ったとします。私たちはこのような運命の一撃がどこからやってくるのかを認識します。さらに、なぜ自分はあるものが好きなのか、なぜあるものをとおして自分は幸せを感じたり、不幸な気分になったりするのか、ということに私たちは気づきます。

私たちは目に見えない原因を手がかりにして、目に見える人生を理解します。病気と健康、死と誕生といった重大な人生の出来事も、私たちの目の前に本当の姿を現します。私たちは、誕生する以前にみずから生み出した原因によって、必然的に、自分がふたたび地上の人生へと導かれたことに気づきます。このようにして私たちは自己の本質を認識します。私たちの本質は、目に見える感覚的な世界のなかで不完全な形で生み出され、この感覚的な世界のなかでのみ、完全なものとなるように導かれていきます。私たちが自己の本質を拡大する機会は、目に見える感覚的な世界にだけ存在するのです。

そしてさらに私たちは、死によって自分自身が感覚的な世界から永遠に切り離されることはない、ということを理解します。私たちは次のように考えます。

「はるか昔、私は初めてこの世界のなかに生まれた。なぜならそのときの私は、感覚的な世界以外では獲得することができない特性を身につけるために、感覚的な世界の人生を必要としていたからである。そして感覚的な世界で獲得できるものをすべて身につけるまでは、私はずっとこの感覚的な世界と結びついていなくてはならない。目に見える感覚的な世界のなかで必要な能力をすべて身につけることによってのみ、私は感覚的な世界とは別の世界で、ほかの存在たちとともに有用な仕事をはたすようになるだろう」

秘儀参入者der Eingeweihteは、霊的な訓練を始める以前よりも、目に見える感覚的な自然の真の価値を認め、評価することができるようになります。これは、秘儀参入者が体験するもっとも重要な事柄の一つです。秘儀参入者は、超感覚的な世界を霊視することによって、感覚的な自然の価値を認識します。自分自身で超感覚的な世界を霊視した経験がないまま、ただ、「超感覚的な領域は無限に価値がある」というおぼろげな感覚だけに身をゆだねると、私たちは、感覚的な世界を過小評価してしまう可能性があります。しかし実際に超感覚的な世界を霊視するとき、私たちは、「目に見える現実世界の体験がなければ、人間は目に見えない現実世界において完全に無力になってしまう」ということを知ります。目に見えない現実世界において生活するためには、私たちはそのために必要な能力と器官を備えていなくてはなりません。そして私たちはこのような能力と器官を、目に見える現実世界のなかでのみ獲得することができます。目に見えない世界を意識化するためには、私たちは霊的に見なくてはなりません。「高次の」世界を霊視する能力は、「低次の」世界の体験をとおして少しずつ育成されます。あらかじめ感覚的な世界で霊的な目を育成しておかなければ、私たちは霊的な目を備えて霊的な世界のなかに生まれることはできません。それは胎児期に母胎のなかで目を形成しておかなければ、子どもが物質的な目をもって地上に誕生することができないのと同じなのです。

このように見ていくことによって私たちは、なぜ超感覚的な世界につながる「境域」が「守護者」によって見張られているか、ということを理解します。必要な能力を獲得しないうちに、私たちが超感覚的な領域を実際に覗き見ることは許されません。そのため、死後、私たちが超感覚的な領域で活動する能力がないうちに超感覚的な世界に足を踏み入れると、超感覚的な世界の体験は覆い隠されてしまうことになります。十分に成熟したときに、ようやく私たちは超感覚的な体験を目にすることができるようになるのです。

超感覚的な世界に足を踏み入れると、神秘学の学徒の人生はまったく新しい意味を与えられることになります。学徒は、感覚的な世界が高次の世界の萌芽を育てる大地であることを知ります。学徒は、ある意味において、「低次の」世界がなければ「高次の」世界は不完全なものである、と感じます。学徒の前に、二つの視野が開かれます。その第一は過去に向けられた視野であり、第二は未来に向けられた視野です。

まず学徒は、この感覚的な世界がまだ存在していなかった、過去の時代に目を向けます。学徒は、超感覚的な世界は感覚的な世界のなかから生じた、という偏見をすでに克服しています。学徒は、最初に存在していたのは超感覚的なもののほうであり、感覚的なものはすべて超感覚的なもののなかから生まれた、ということを知っています。学徒は、初めてこの感覚的な世界にやってくる前には、自分は超感覚的な世界に属していたことを知っています。かつて存在していた超感覚的な世界は、感覚的な世界を体験する必要があったのです。感覚的な世界を体験しなければ、超感覚的な世界はそれ以上進化することはできなかったでしょう。感覚的な領域のなかで、ふさわしい能力を備えた存在たちが進化を遂げるとき、超感覚的な世界はふたたび進歩することができます。そしてこの存在たちこそ、人間にほかならないのです。いま生きている人間は、霊的な存在としては不完全な段階から生じました。人間はこのような不完全な段階において、完全な存在となることをめざします。そして完全な存在になることによって、人間は高次の世界のためにさらに仕事を続けることができるようになるのです。

ここに、学徒の視野は未来と結びつきます。学徒は超感覚的な世界の高次の段階に目を向けます。未来において、感覚的な世界で育成されるものの成果は、超感覚的な世界のなかに存在することになります。将来、感覚的な世界そのものは克服されますが、感覚的な世界の成果は高次の世界に組み込まれていくのです。

このとき私たちは、感覚的な世界の病気と死の意味を理解します。すなわち死とは、超感覚的な世界が過去のある時点において、それ自体では先に進むことができない段階に到達してしまったことの現れにほかなりません。もしも新しい生命が入り込んでこなかったら、超感覚的な世界全体が死滅することになったでしょう。新しい生命は、世界全体が死滅することに対して戦いをいどみます。死滅し、硬化していく世界の残滓《ざんし》のなかから、新しい世界の萌芽が発達してきます。私たちが世界のなかで死んだり、生きたりするのはこのためなのです。そして死と生に関わる事柄は、ゆっくりとおたがいに混ざりあっていきます。古い世界の死滅していく部分のなかから生じた新しい生命の萌芽は、この死滅していく部分をまだ備えています。このことは人間のなかに、もっとも明確に現れます。私たち人間はこの古い世界から受け取ったものを、覆いとして身にまとっています。そしてこの覆いのなかで、将来生きることになる存在の萌芽が形成されます。このように人間は、死すべき存在であると同時に不死なる存在でもあるという点において、二重の存在なのです。死すべき存在としての人間は終わりの状態にあり、不死なる存在としての人間は始まりの状態にいます。感覚的・物質的な世界のなかに姿を現すこのような二重の性質のうちに、初めて人間は世界に不死性をもたらす能力を身につけます。人間の使命は、死すべきもののなかから不死なるもののための成果を取り出すことにあります。したがって過去に自分自身で作り上げたみずからの本質に目を向けるとき、私たちは次のように考えます。「私のなかには、死滅していく世界の要素がある。これらの死滅する要素は私のなかで作用しているが、私は少しずつ、新たに生命を得る不死なる要素をとおして、死滅する要素の力を打ち破ることができるようになる」

このように私たちは、死から生へと向かう道を歩んでいきます。もし死の瞬間に、完全な意識を保ったまま自分自身と語ることができるならば、私たちは次のようにいうことでしょう。「死すべきものは私の師でした。私が死ぬということは、私と深く結びついている過去全体の結果です。このような死すべきものは、私のなかの不死なるものの萌芽を育ててくれました。これから私は、この萌芽をもう一つの世界へとたずさえていきます。もし過去だけが力をふるっていたら、私はけっして生まれることはできなかったでしょう。過去の生命は誕生とともに終りました。新しい生命の萌芽をとおして、死滅する世界全体は、感覚的なもののなかの生命を獲得しました。誕生と死のあいだの時期には、新しい生命は死滅する過去をどれだけ克服できたか、ということが姿を現します。そして病気は、このような過去の死滅する部分の影響によって生じるのです」

ここに私たちは、なぜ人間は誤謬に満ちた不完全な状態から少しずつ真理と善に向かうのか、という問いかけに対する答えを見出します。私たちの行動や感情や思考は、過ぎ去りゆくものや死滅するものによって支配されています。私たちの感覚的な物質体の器官は、過ぎ去りゆくものや死滅するものによって形成されています。私たちの感覚的な物質体の器官と、これらの器官を駆り立てるすべての衝動は、過ぎ去りゆくものに支配されています。私たちは本能や衝動や情熱や、これらと結びつく器官のなかに、不死なるものを見出すことはありません。私たちがこれらの器官をとおして生み出した仕事が、初めて不死なるものとなるのです。過ぎ去りゆくもののなかから生み出さなくてはならない仕事をすべてなし終えたとき、ようやく私たちは、私たちを生じさせるもとになった死滅する要素（それは物質的・感覚的な世界のなかに姿を現しています）を脱ぎ捨てることになるのです。

私たちが最初に出会う「境域の小守護者」は、過ぎ去りゆくものと不死なるものが混ざりあった、人間の二重の本質の似姿です。「境域の小守護者」は、「ふたたび純粋な霊的な世界に住むために必要とされる崇高な光の形態に到達するためには、私たちにはまだ何が欠けているか」ということをはっきりと示すのです。

「境域の小守護者」は、私たちがどの程度まで物質的・感覚的な本性と結びついているかを、ありありと見せてくれます。このような結びつきは私たちのなかで、まず最初に、本能や衝動や欲望や利己的な願望やあらゆる形のエゴイズムとなって現れます。また、私たちが何らかの人種や民族に属しているという事実も、このような結びつきの現れです。民族や人種のなかには、純粋な人間性をめざす、さまざまな発達段階が姿を現します。人種や民族に属する人びとが純粋な理想の人間像を完全に表現し、物質的な過ぎ去りゆくものから超感覚的な不死なるものに到達することをめざして努力すればするほど、人種や民族は向上していきます。私たちが、ますます高度に発達する民族や人種のなかに繰り返し受肉することによって進化するということそのものが、解放のプロセスなのです。最終的には、私たち人間は調和的な、完全な姿で現れなくてはなりません。

またそれと同様に、繰り返し受肉し、ますます純化されていく道徳的な、宗教的な考え方を体験することによって、私たちは完全な存在になっていきます。道徳的な進歩の途上の段階には、理想主義的な未来の萌芽だけではなく、過ぎ去りゆくものへの欲求も含まれていますが、それは次第に純化されなくてはならないのです。

「境域の小守護者」のなかには、過去の結果のみが姿を現します。「境域の小守護者」は、過ぎ去った時間のなかに組み込まれたものだけを未来の萌芽としてたずさえています。しかし私たちは、感覚的な世界から取り出すことができるすべてのものを、未来の超感覚的な世界のなかにたずさえていかなくてはなりません。「境域の小守護者」という、過去から生じる自分自身のイメージのなかに組み込まれているものだけをたずさえていこうとするならば、私たちは地上の仕事を部分的にしかはたせなくなります。そのため「境域の小守護者」と出会ってからしばらくたつと、私たちは「境域の大守護者」と向きあうことになります。私たちはこのような第二の「境域の守護者」とどのようにして出会うのかを、ふたたび物語風に記述してみることにしましょう。

「境域の小守護者」との出会いをとおして、自分は何から解放されなくてはならないのかということを認識したあとで、私たちの前に崇高な光の形姿が立ちはだかります。この光の形姿の美しさについて、私たちの通常の言葉をもちいて描写するのは容易ではありません。

思考と感情と意志の器官が物質体においても高度に分離し、相互の関係がこれらの器官そのものによってではなく、物質的な条件から完全に切り離された高次の意識によって支配されるようになるとき、私たちはこの「境域の大守護者」と出会います。いまや思考と感情と意志の器官は、人間の魂の力が超感覚的な領域のなかから支配し、使用する道具になったのです。

第二の「境域の守護者」は、あらゆる感覚的な束縛から解放された人間の魂に近づき、ほぼ次のようなことを語ります。

あなたは感覚的な世界から解放されました。あなたは超感覚的な世界の市民権を獲得しました。これから先は、あなたは超感覚的な世界をよりどころとして活動することができます。あなたは、自分自身のためには、現在のような形態の物質体はもう必要としません。この超感覚的な世界に住む能力だけを手に入れたいのなら、あなたはもう感覚的な世界に戻る必要はありません。

私の姿を見なさい。私は、あなたが今日まで自分自身のために行ったあらゆることを超越して、きわめて崇高な姿で存在しています。あなたはさまざまな能力を身につけることによって、現在のような完成された段階に到達しました。あなたは感覚的な世界をよりどころとしながら、感覚的な世界のなかでこれらの能力を発達させることができました。しかしこれから先は、あなたは自由になった力をとおして、さらに感覚的な世界のために働かなくてはなりません。いままであなたは自分自身だけを救済してきましたが、これからは、あなたは解放された存在として、感覚的な世界にいるすべての仲間を自由にすることができるのです。あなたは今日まで、一人の人間として努力してきました。これからは、あなた一人が超感覚的な世界に入っていくためではなく、感覚的な世界にいるほかのすべての人びとを超感覚的な世界にいっしょに連れていくために、人類全体の一員になりなさい。

あなたは将来、私の力と一体になることができます。しかし私は、感覚的な世界にまだ不幸な人びとがいるあいだは、幸せを感じることはできません。あなたは一人の自由になった存在として、今日

＊　＊

のうちにも、超感覚的な領域に入っていきたいと願っていることでしょう。しかしそのときあなたは、感覚的な世界にいる、まだ救済されていない人びとのほうを見下ろすことになるでしょう。あなたは、みずからの運命を感覚的な世界にいる人びとの運命から切り離そうとしています。しかし本当は、あなたたち人間は皆、おたがいに一つに結びついているのです。かつて、あなたたち人間は全員、感覚的な世界から高次の世界のための力を取り出すという仕事をはたすために、感覚的な世界のなかに降りなくてはなりませんでした。ほかの人びとから離れるならば、あなたはいままでほかの人びとと協力しあうことによってのみ発達させることができた力を乱用することになります。ほかの人びとが感覚的な世界のなかに降りてくれなかったら、あなたはこのような力を使うようにはなれなかったはずです。ほかの人びとがいなかったら、あなたは超感覚的に存在するための力を手に入れることはできなかったのです。あなたは、ほかの人びとともに獲得したこの力を、ほかの人びとと分かちあわなくてはなりません。

ですから、獲得したすべての力をあなたの仲間を救済するために使い切るまでは、私はあなたを超感覚的な世界の高次の領域に入らせません。あなたは、すでに獲得したものを抱えたまま超感覚的な世界の低次の領域にずっと留まっていたい、と願っているかもしれません。しかし私は、「燃える剣をもって楽園の前に立つケルビム[16]」として高次の領域に到る門の前に立ちはだかり、感覚的な世界で使い切っていない力があなたのなかに残っている限りは、あなたがなかに入るのを拒みます。

あなたがほかの人間のために自分の力を使おうとしないならば、あなたに代わって、この力を使う別の存在が現れます。そのとき、高次の超感覚的な世界はこの別の存在をとおして感覚的な世界のあらゆる成果を受け入れることになります。しかしあなたは、それまで自分と結びついていた基盤を失います。純化された世界は、あなたを越えて、さらに進化していきます。あなたはこの純化された世界から締め出されるのです。このときあなたは黒い道を歩むことになります。そしてあなたが見捨てた人びとは、白い道を歩んでいくことになるでしょう。

＊　＊

最初の「境域の小守護者」と出会ったあと、まもなく「境域の大守護者」は、みずからの存在をこのように告げます。秘儀参入者は、誘惑に負けて、本来許されるよりも早い時期から超感覚的な世界に留まり続けると、何が自分を待ち受けているかを十分に認識しています。

とても言葉ではいい表せないような輝きが、「境域の大守護者」から発します。秘儀参入者の霊視する魂の前には、境域の大守護者と一体化する境地が、はるかな目標として存在しています。しかし秘儀参入者には、「感覚的な世界から自分のなかに流れ込んできたあらゆる力を、感覚的な世界を解放し、救済するという目的のために使い切ったとき、初めて私は境域の大守護者と一つになれる」ということがよくわかっています。高次の光の形姿である「境域の大守護者」の要求に従おうと決心することによって、秘儀参入者は、人類を解放する仕事のために尽力することができるのです。秘儀参入者は人類の祭壇に、みずからの贈り物を捧げます。秘儀参入者が自分だけ早く超感覚的な世界へ上昇しようとすると、人類の進化の流れは秘儀参入者を追い越していってしまいます。

感覚的な世界から解放されると、秘儀参入者はもはや新しい力を自分自身のために獲得することはできなくなります。感覚的な世界のために仕事をしようとするとき、秘儀参入者は、これからさらに活動することになる感覚的な世界から、自分自身のために新しい力を受け取ることを断念します。私たちは、「このような決断を迫られるとき、人間が白い道を選ぶのは当然である」ということはできません。白い道を選ぶためには、決断するときに、自分一人の幸福をエゴイスティックに追い求めたいという誘惑を退けることができるくらい、私たちが純化されていなくてはなりません。というのも、このような誘惑はきわめて大きなものだからです。

白い道には、特別な誘惑は存在しません。ここではどんなものも、私たちのエゴイズムに訴えかけてくることはありません。私たちは高次の超感覚的な領域において受け取ったものを、自分のなかに取り込まないで、周囲に放射させます。これこそは、私たちの仲間である人びとに対する愛なのです。

黒い道においては、エゴイスティックな人間が望むものは、すべて手に入ります。黒い道は、人間のエゴイズムを完全に満足させるような結果をもたらすのです。自分一人のために幸福を求める人は、確実に黒い道を歩むことになります。なぜならその人は、黒い道にふさわしい性質を備えているからです。

私たちが、みずからのエゴイスティックな自我を育てるような事柄を教えてくれるように、白い道を歩む神秘学者に求めることは許されません。白い道を歩む神秘学の探究者は、一人の人間の幸福にはまったく関心を抱きません。一人ひとりの人間が自分の力で幸福に到達することは許されますが、幸福がやってくる時期を早めることは、白い神秘学の探究者の仕事ではありません。白い神秘学の探究者は、人間と人間の仲間であるすべての存在を進化させ、自由にすることだけに関心があります。そのため探究者は、どうすれば私たちはこのような仕事に協力するための力を育てることができるか、ということだけを教えてくれます。探究者は、無私の献身的な態度とすすんでみずからを犠牲にするような生き方を、そのほかのどのような能力よりも重視します。探究者は、どんな人も拒絶しません。なぜならきわめてエゴイスティックな人でも、みずからを純化することは可能だからです。ただし自分自身のためにだけ何かを求めている人は、そのような態度を改めない限りは、探究者から何も受け取ることはできません。探究者が助力を惜しまないときでも、自分自身のために何かを求めようとする人は、このような助力から得られる成果を自分で投げ捨ててしまうのです。

善なる神秘学の探究者の教えに実際に従う人は、境域を踏み越えたあとで、「境域の大守護者」が求めることを理解します。このような教えに従おうとしない人が、境域に到達したいと願うことは許されません。私たちは、探究者の指示に導かれて善なるものに到達するか、あるいはまったくどこにも到達できないか、のどちらかなのです。学徒がエゴイスティックな喜びを手に入れたり、単に超感覚的な世界で生活したりする方法を教えることは、善なる神秘学の探究者の使命ではありません。むしろ探究者の使命は、初めから、献身的に協力しようとする意志をもって超感覚的な世界に足を踏み入れるようになるまで、学徒を超感覚的な世界から遠ざけておくことにあるのです。

あとがき（一九一八年）

この本で述べられている超感覚的な認識に到る道を歩むことによって、私たちは魂的な体験ができるようになります。このような魂的な体験に関して何よりも大切なのは、それを求めて努力する私たちが、錯覚したり、誤解したりしないようにすることです。

ここで考察しているような事柄に関しては、私たちは容易に錯覚に陥る可能性があります。真の霊学Geisteswissenschaftで取り扱われている魂的な生活の領域について正しく理解することができないまま、私たちが、このような魂的な生活の領域とは迷信や幻視的な夢や霊媒術やそのほかの逸脱した霊的な探究と同類のものである、と考えるようになると、とくに深刻な錯覚が生じます。真の認識の努力からかけ離れた方法で超感覚的な世界への道を探究しようとして本来の道から逸脱してしまう人と、本書で示されている道を歩もうとする人を混同することによって、私たちはこのような誤解を抱くようになるのです。

私たちの魂が本書で示された方法をとおして体験する事柄は、純粋に霊的・魂的な経験の領域のなかで展開していきます。通常の意識状態においてさまざまな事柄を体験するとき、私たちは外界の事象に関する知覚や、内面の欲求や感情や意志について思考します。このような思考は、私たちが知覚したり、感じたり、意志を抱いたりする対象そのものから生じるわけではありません。日常的な体験においては、私たちは思考する場合にのみ、体の生活から自由になります。そしてそのほかの内面的な体験に関しても、私たちは本書で示された方法をとおして体の生活から自由になり、独立することによって、純粋な霊的・魂的な事象を体験できるようになります。

なかには、体の生活から自由な思考が存在するということを、信じようとしない人びともいます。このような人びとは、「知覚した内容（あるいは体によって生み出される内面的な生活）から取り出してくる事柄についてのみ、人間は思考することができる。あらゆる思考は、人間の知覚内容や内面的な体験の影のようなものである」といいます。このような人びとは、自分自身の魂を育成することによって、それだけで独立している純粋な思考の営みを体験する能力を発達させたことがないので、このように主張しているにすぎないのです。純粋な思考の営みを体験した人は次のようなことを、明白な事実として体験します。すなわち、魂の生活のなかで思考が支配するときには、（このような思考が、どの程度までそのほかの魂の活動のなかに浸透しているかという違いはあっても）、つねに人間は体と結びつかない活動を行っているのです。人間の通常の魂的な生活においては、ほとんどいつも、思考は、知覚や感情や意志といったそのほかの魂の活動と混ざりあっています。これらの魂の活動は、体をとおして生じます。しかしこれらの魂の活動のなかには、思考が浸透しています。そしてどこまで思考が浸透しているかという程度におうじて、人間のなかに（人間自身が働きかけることによって）、体が関与することのない事柄が生じるようになります。この事実を認めるならば、私たちは、思考の作用をほかの活動と同じようなものと見なすことによって生じる錯覚を克服することができます。

私たちは内面的な体験において、内面で営まれる思考と関わる要素だけを、そのほかの要素から切り離して経験することができます。私たちは純粋な思考のなかにのみ存在する要素を、魂的な生活から解き放つことができます。このとき私たちは、それだけで独立している思考のなかから、知覚した内容（あるいは体と結びついた内面的な営み）から生じる要素を取り除きます。このような思考はそれ自体をとおして（つまり思考そのものの存在をとおして）、霊的な、超感覚的な実体として姿を現します。このような思考と一体になった私たちの魂は、知覚や記憶などの内面的な営みから離れます。このとき私たちの魂は、超感覚的な領域で思考とともに活動し、体の外で自己を体験することができるのです。

このような事柄をすべて理解するとき、私たちにとって、「体の外の超感覚的な要素における魂の体験は実在するのか」という疑問は考察の対象とはなりません。なぜならこのような疑問について考察すること自体、私たちが経験上知っていることを否認することになるからです。私たちが問いかけることができるのは、「人びとにこのような確実な事実を認めさせないようにしているものは何なのか」ということだけです。そしてこのような疑問に対して、私たちは、次のような答えを見出します。その答えとはすなわち、「ここで問題となっているような事実は、私たちが開示を受け取ることができるような魂の状態にいない限り、姿を現すことはない」というものです。しかしながら私たちが、「人間からそれだけで独立している事柄が明らかにされるためには、まず人間は自分自身で純粋な魂的な準備を行わなくてはならない」というのを聞くと、人びとは不信感を抱きます。人びとは、「明らかにされる事柄を受け入れる準備を自分でしなくてはならないのだとしたら、人間自身が受け入れる事柄の内容を作り上げてしまうことになる」と考えます。そして人びとは、人間の側から何もしなくていいような、人間が完全に受け身でいられるような経験を欲しがるのです。

科学的に事実をとらえようとする際に求められる基本的な約束ごとさえ知らない人びとは、安易な方法によって生み出される魂的な内容や事象と出会ったときに（これらの魂的な内容や事象において、人間の魂は、感覚的な知覚や意志の行動となって現れる意識的な活動よりも低いレベルまで引き降ろされています）、ここに感覚的ではない実体が客観的に姿を現している、と考えたがります。幻視的《ヴイジヨン》な体験や霊媒術の実演で示されるのは、このような魂の内容にほかなりません。このような低次の意識状態において姿を現すのは、超感覚的な世界ではなく、感覚的なものよりも低次の世界なのです。

人間の意識的な目覚めた生活は、完全に体の内部で営まれているわけではありません。とくに人間の目覚めた生活のなかでもっとも意識化されている部分は、体と物質的な外界の境目で生じる事象に関与しています。

人間の知覚において、感覚器官のなかでさまざまな事象が生じるときには、体が体の外で起こる出来事に関与するだけではなく、同時に、体の外の出来事が体のなかに入り込んできます。また人間の意志の営みの基盤は、人間の本質が世界の本質のなかに組み込まれる、という点にあります。つまり意志をとおして人間のなかで生じることは、同時に世界の出来事の一部分なのです。

体と外界の境目で生じるこれらの魂的な体験において、人間は自分自身の体の組織の影響を強く受けています。人間の思考の営みは、これらの魂的な体験に関与します。そして思考の営みが魂的な体験に関与すればするほど、人間の感覚的な知覚と意志は、体から独立できるようになります。

これに対して幻視的な体験や霊媒術の実演においては、人間は完全に体に依存しています。このとき人間は、自分自身の魂の営みから、知覚と意志を体から独立させる要素を排除します。そのため魂の内容や、魂によって生み出される事象は、単なる体の営みの現れになります。幻視的な体験や霊媒術の実演は、人間の魂が通常の知覚生活や意志生活を営んでいる場合以上に体に依存する結果、生じるのです。

本書で記述されている超感覚的な体験においては、私たちの魂的な体験は、幻視的な、霊媒的な体験とは逆の方向をめざして展開していきます。このような超感覚的な体験をとおして、私たちの魂は発達を遂げながら、通常の知覚生活や意志生活を営んでいる場合よりも、体から独立するようになります。私たちの魂は、純粋な思考の体験をとおして生み出される独立性を獲得し、魂的な活動を広範囲に拡大します。

ここでお話ししているような超感覚的な魂の活動においては、純粋な思考の体験を完全に明確にとらえることがきわめて重要です。基本的には純粋な思考の体験は、それ自体すでに超感覚的な魂の活動です。ただし私たちは、純粋な思考をとおして超感覚的なものを霊視することはできません。私たちは純粋に思考することによって、超感覚的なもののなかで生きます。私たちはこのことだけを、超感覚的に体験します。私たちはそれ以外の超感覚的な事象は何も体験しません。

超感覚的な体験は、純粋な思考と一体になることによって到達できる、このような魂的な体験の続きとして生じなくてはなりません。したがって私たちが正しい方法で純粋な思考と一体になる体験をすることは、非常に重要な意味をもっています。なぜなら純粋な思考と一体になることの意味を理解することによって、超感覚的な認識の本質を正しく洞察することを可能にする、認識の光が輝き出すからです。

魂の体験が、思考のなかに姿を現す明るい意識を離れ、意識下の領域に沈潜していくと、すぐに私たちの魂は、超感覚的な世界の真の認識から逸脱した道を歩むことになります。この場合、私たちの魂は体の活動によってとらえられてしまいます。そうなると、私たちの魂がさまざまな事柄を体験したり、生み出したりするときには、超感覚的なものが魂をとおして姿を現すのではなく、感覚的なものよりも低次の領域の事象が体をとおして姿を現すことになるのです。

＊　＊

私たちは、人間の魂が超感覚的な領域に入っていくときに体験する事柄を、感覚的な領域の体験について記述する場合のようには、容易に言葉で表現することはできません。このとき私たちは、「超感覚的な体験について記述する際には、物質的な体験について記述する場合以上に、実際の事実を言葉で表現するのは困難になる」ということを意識しないではいられません。私たちは、「多くの表現は、取り扱っている事柄を比喩的に、おぼろげにいい表しているにすぎない」ということを理解しておく必要があります。だからこそ本書の二〇ページには、「本来、霊学のすべての法則と教義は比喩的な象徴言語で示されます」と書かれているのです。またさらに本書の八〇ページ以下には、「特定の文字の体系」について記述されています。読者の皆さんのなかには、通常の物質的な世界でもちいられる言語の文字に関して音声記号やその組み合わせ方について学ぶのと同じように、このような神秘的な文字を習得したいと思っている方もおられることでしょう。この点については、以下のようなことを述べておきたいと思います。

象徴的な記号についての教義を守る霊学的な結社やグループは、過去に存在しましたし、現在も存在しています。このような集団に属する人びとは、象徴的な記号をもちいて超感覚的な事実を表現してきました。このような象徴の意味を習得すると、私たちは、自分自身の魂的な体験を、象徴と関わる超感覚的な現実と結びつける手段を手に入れます。

しかしながら超感覚的な体験において重要なのは、むしろ次のような点なのです。すなわち超感覚的な体験をするとき（それは本書の内容を実現することによって達成されます）、私たちの魂は、超感覚的な霊視をみずから体験することによって、このような神秘的な文字が実際に姿を現すのを目のあたりにします。超感覚的な事象をとおして私たちの魂にある事柄が告げられると、私たちの魂は、完全に意識化するために、それを象徴的な記号に翻訳しなければなりません。

すべての人間の魂は、本書で記述されている事柄を実現することができます。私たちの魂がこれまで記述してきた方法に従ってこのような実現のプロセスをたどるうちに、すでにお話ししたような結果が姿を現します。本書のような書物は著者と読者のあいだで交わされる対話である、と考えて下さい。たとえば本書のなかに、「神秘学の学徒は個人的な教示を必要とする」と書かれていたら、本書そのものがこのような個人的な教示である、と考えて下さい。過去の時代には、正当な理由に基づいて、口頭による秘密の伝授の授業においてのみ、学徒は個人的な教示を受け取ることが許されました。しかし現在、私たちは、霊学的な認識がいままでよりもはるかに広範囲に広まることが求められている、人類の進化段階に到達しました。現代という時代においては、過去の時代とは比較にならないほど広範囲に、霊学的な認識がすべての人びとに対して開かれなくてはならないのです。このような時代に本書は、過去の時代の口頭による教示に代わる書物として、姿を現したのです。本書で述べられている事柄を越えてさらに個人的な教示が必要である、という考え方は、ある一定の範囲内でのみ正しいといえます。もちろん、私たち一人ひとりが個人的な助力を必要とする場合もありますし、このような個人的な助力が重要な意味をもつこともあります。しかし、本書に述べられていない重要な事柄がほかに存在している、と考えるならば、私たちは誤りに陥ることになります。本書を正しく完全に読みこなすならば、私たちはこのような重要な事柄を実際に見出すことができるのです。

＊　＊

筆者は本書の記述をとおして人間全体をまったく別のものに変える方法を教えようとしている、と考える人がいるかもしれません。しかし本書の記述を正しく読むならば、次のようなことがおわかりになるはずです。つまり筆者は本書の記述をとおして、「超感覚的な世界と向きあうとき、私たちはどのような内面的な魂の状態にいなくてはならないか」ということだけを述べようとしているのです。私たちはこのような魂の状態を、自分自身の第二の本質として発達させていきます。一方、私たちのもう一つの本質は健全なまま、いままでどおりの方法で存続します。私たちはまったく意識的に、このような二つの本質を区別することができなくてはなりません。私たちは正しい方法で、二つの本質を相互に作用させます。人生に興味をなくしたり、人生において正しくふるまうことができなくなったり、「一日中霊の研究を」したりすることによって、私たちが人生において役に立たない、基本的な能力を欠いた存在になるようなことがあってはなりません。確かに、超感覚的な世界における体験は私たちの存在全体に光を投げかけてくれます。しかしそれは、私たちを人生から逸脱させるような方法においてではなく、私たちの人生を正しく、実りの多いものにするような方法で生じなくてはならないのです。

それでもやはり、本書の記述が人間全体を変化させる方法を教えているような印象を与えるのだとしたら、それは、超感覚的なものに向けられた認識はすべて人間全体と関わるものであるため、私たちは自分自身のすべての本質をかけてこのような認識に身をゆだねなくてはならないからです。色彩の知覚のプロセスには神経を備えた目という一つの部分のみが関与しますが、超感覚的な認識には人間全体が関与します。超感覚的な認識の過程においては人間全体が、色彩の知覚における「目全体」、あるいは音の知覚における「耳全体」に相当する役割をはたします。そのため超感覚的な認識の育成に関する記述を読むとき、私たちは、そこでは人間全体の変化について語られているような印象を受けることになります。そのとき私たちは、「通常の人間であるということは正しくないことである。超感覚的な認識をするためには、通常の人間はまったく別の存在に変化しなくてはならない」と考えてしまうのです。

＊　＊

一三一ページ以下の「秘儀参入のいくつかの作用について」の章の記述に関して、(若干訂正すれば)本書のそのほかの記述にもあてはまる事柄について述べておきます。

この章の記述を読むとき、「なぜ超感覚的な体験をこのように比喩や象徴をもちいて記述しなくてはならないのだろうか。象徴的なイメージをもちいないで、このような体験をもっと観念的に記述するわけにはいかないのだろうか」と考える人もおられることでしょう。このような問いかけに対しては、「超感覚的な現実を体験するためには、人間が超感覚的な世界のなかで自分自身を超感覚的な存在として認識することが重要な意味をもっている」と答えなくてはなりません。

私たちは、人間の超感覚的な本質と関わる現実を、この章で記述されている「蓮華」や「エーテル体」のなかに独自の形で見出すことができます。自分自身の超感覚的な本質に目を向けないまま超感覚的な世界で自己を体験するのは、感覚的な世界において事物や出来事が周囲に姿を現しているのに、私たち自身は自己の体が存在していることに気づかないでいるようなものです。感覚的な体をとおして知覚することによって感覚的な世界のなかで自己を意識化できるのと同じように、私たちは、「魂体」や「エーテル体」のなかに自分自身の超感覚的な形姿を見ることによって超感覚的な世界のなかで自己を意識化できるようになります。

訳註

いかにして高次の世界を認識するか

（1）『新約聖書』の「テサロニケの信徒への手紙一」5：21からの引用です。

実践的な観点

（2）霊学では人間の本質を体《たい》・魂・霊の三つにわけます。人間は体をとおして物質の世界と関わり、魂をとおして魂の世界と、霊の世界と結びつきます。そしてさらに、体は物質体・エーテル体・魂体、魂は感覚魂・悟性魂・意識魂、霊は霊我・生命霊・霊人によって構成されています。

（3）インドの叙事詩『マハーバーラタ』のなかの詩編で、ヒンドゥー教の聖典です。バガヴァッド・ギーターに関するシュタイナーの講演としては、『バガヴァッド・ギーターとパウロ書簡』（一九一二年）、『バガヴァッド・ギーターの隠秘学的な基盤』（一九一三年）があります。

（4）『新約聖書』の四つの福音書の一つで、福音史家ヨハネによって書かれたとされています。ヨハネ福音書に関するシュタイナーの講演には、『ヨハネ福音書』（一九〇八年）、『ほかの三つの福音書（とくにルカ福音書）との関係におけるヨハネ福音書』（一九〇九年）などがあります。

（5）ドイツの神秘思想家・聖職者（一三八〇年頃―一四七一年）で、著書である『キリストのまねび』がよく知られています。

神秘学の訓練のための条件

（6）アストラル体とは、魂体と感覚魂が一体となったものであり感情などの人間の魂の営みと関わります。また、思考体とは、思考の営みをとおして人間を霊と結びつける要素であり、実質的には悟性魂より上位の構成要素のなかに姿を現す自我をさしています。なお、そのほかに本書では、アストラル体が魂体、思考体が霊体と呼ばれることもあります（三八ページ参照）。

秘儀参入のいくつかの作用について

（7）『新約聖書』の「もし、からし種一粒ほどの信仰があれば、この山に向かって、『ここから、あそこに移れ』と命じても、そのとおりになる。あなたがたにできないことは何もない」（「マタイによる福音書」17：20）、および「たとえ、預言する賜物を持ち、あらゆる神秘とあらゆる知識に通じていようとも、たとえ、山を動かすほどの完全な信仰を持っていようとも、愛がなければ、無に等しい」（「コリントの信徒への手紙一」13：2）を踏まえています（引用はともに新共同訳）。

（8）ゲーテの戯曲『エグモント』第三幕からの引用です。

（9）エーテル体は生命体とも呼ばれ、生命活動や生殖と関わる体の二番目の構成要素です。エーテル体は物質体よりも繊細な体であるため、肉眼で観察することはできません。

（10）ここまで筆者は十弁の蓮華について語ってきたわけですから、当然、十弁の蓮華について言及されるべきなのですが、なぜかすべての版において、この箇所には「十弁の蓮華」という言葉が欠落しています。この訳稿では、あえて手を加えないで原文のまま訳しておきました。

（11）ゲーテの戯曲『ファウスト』第二部の最後に登場する有名な詩句です。

（12）リュッケルトの詩『世界と私』からの引用です。

（13）十六弁の蓮華と結びついた八つの訓練は、仏教では「八正道」として伝えられています。八正道とは、正見（正しい見解）・正思惟（正しい決意）・正語（正しい言葉）・正業（正しい行為）・正命（正しい生活）・正精進

（正しい努力）・正念（正しい思念）・正定（正しい瞑想）です。

神秘学の学徒の夢の生活に現れる変化

（14）これと同じようないいまわしは、『新約聖書』にも見出されます。たとえば「マタイによる福音書」17：4では、ペトロがイエスに次のようにいいます。「主よ、私たちがここにいるのは、すばらしいことです。お望みでしたら、わたしがここに仮小屋を建てましょう。一つはあなたのため、一つのモーセのため、一つはエリヤのためです。」（新共同訳）同様の表現は「マルコによる福音書」9：5、「ルカによる福音書」9：33にも見られます。

境域の守護者

（15）フルネームはエドワード・ジョージ・ブルワー＝リットン（一八〇三年―一八七三年）で、イギリスの著述家・政治家です。『ザノニ』は一八四二年に出版されました。

生と死―境域の大守護者

（16）『旧約聖書』「創世記」3：24の「こうしてアダムを追放し、命の木に至る道を守るために、エデンの園の東にケルビムと、きらめく剣の炎を置かれた」（新共同訳）という件りを踏まえています。

訳者あとがき

『いかにして高次の世界を認識するか』は、『テオゾフィー（神智学）』と並ぶ、シュタイナーのもっとも代表的な著作です。読者に思考の訓練をさせるために書かれた『テオゾフィー』と較べて、本書ははるかにわかりやすい言葉で書かれているのが特徴です。また本書の内容は、私たちの日々の生活と直接関わるものなので、霊学についての予備知識がない人でも、本書を読むことによって、よりよく生きるための多くの示唆を得ることができます。シュタイナーの本は読みづらい、という先入観を抱いている方には、ぜひ最初に、本書をひもといてみることをおすすめしたいと思います。

『いかにして高次の世界を認識するか』のもとになる文章は、一九〇四年から一九〇五年にかけて、『テオゾフィー』が執筆・刊行されるのと同時進行で、雑誌『ルシファー＝グノーシス *Lucifer-Gnosis*』に発表されました。シュタイナーの霊学でもっとも重視されるのは、読書による思考力の育成と、瞑想などの神秘学的な訓練です。読書と訓練は車の両輪のような関係にあり、どちらが欠けても、私たちは正しい形で霊学を身につけることはできません。そして、読書そのものが霊的な思考の鍛練になるように書かれた本の代表が『テオゾフィー』だとすると、霊的な訓練の方法について解説された本の代表が『いかにして高次の世界を認識するか』です。つまりシュタイナーは、『テオゾフィー』において霊的な世界のさまざまな事実について客観的に記述し、『いかにして高次の世界を認識するか』では、すべての人が自分自身でこのような霊的な事実を霊視できるようになるための道筋を示したのです。シュタイナーは霊的な事実について語る場合には、同時に、このような事実にたどりつくための方法を公開しなければフェアではないと考えました。なぜならいくら『テオゾフィー』で霊的な事実がおおやけにされたとしても、その一方で、霊視能力を高め、霊的な世界を探究するための方法が示されないと、読者はいつまでもシュタイナーのいうことだけを盲信しなくてはならないことになるからです。霊学とはシュタイナーという一個人の思想ではなく、最終的にはすべての人間のなかに浸透していくべき共通の財産です。このような理想が実現するためには、すべての人間が霊的な事象をみずから体験することを可能にするような、正しい訓練の方法が書物をとおして示されなくてはならなかったのです。

二十世紀初頭の時代にシュタイナーがどのような事情のもとに霊学の内容の公開に踏み切ったのか、という点に関しては、『テオゾフィー　神智学』（柏書房）の解説に詳しく書いておきましたので、このあとがきでは、『いかにして高次の世界を認識するか』のテクストの成立過程について解説した上で、本書で公開された霊的な訓練の方法の意義について、かいつまんで述べておきたいと思います。

最初から単行本という形で刊行された『テオゾフィー』と較べると、『いかにして高次の世界を認識するか』は、本になるまでに、いささか複雑な成立過程をたどっています。

『いかにして高次の世界を認識するか』のもとになった文章は、シュタイナーが主宰していた雑誌『ルシファー＝グノーシス』に、一九〇四年六月から一九〇五年九月にかけて連載されました。当初シュタイナーは、短期間で連載を終わらせるつもりだったようです。シュタイナーは「思考と感情の制御」を発表した時点で、末尾に「次回で終了」と予告しました。しかし実際には、そのあとにさらに「秘儀参入」と「実践的な観点」が続き、そのたびにシュタイナーは「次回で終了」という予告をしました。そしていよいよシュタイナーは、本当の最終回になるはずだった「神秘学の訓練のための条件」を書き始めたのですが、実際にはこれで連載は終わらず、その先も「秘儀参入のいくつかの作用について」以降の章が書き進められ、「生と死―境域の大守護者」でようやく一連の連載が終了しました。

このように当初は短いエッセイで終わるはずだった『いかにして高次の世界を認識するか』は、シュタイナーが興にまかせて書き進めるうちに、予定を大幅に越えて、結果的に一冊の本としてまとめるのに十分な分量にまで達したのです。そのため、全体が緻密に構成されている『テオゾフィー』に較べると、本書の構成はゆるやかで自由なものになっています。

雑誌『ルシファー＝グノーシス』に連載された当時から、『いかにして高次の世界を認識するか』は購読者のあいだにかなりの反響を呼び、一九〇七年には、雑誌に連載された文章をそのまま一冊にまとめた冊子が刊行されました。そして一九〇九年にようやく、本書は本の形で出版されました。この時点までに本書の内容は、雑誌掲載と冊子の刊行をとおして、すでに二回世に出ているため、この最初の本は「第三版」と呼ばれています。

本にまとめられてから、『いかにして高次の世界を認識するか』には、大幅な改訂はほどこされていません。本書では、基本的に、雑誌連載時の文章や章立てがそのまま残されています。ただし一度だけ、一九一四年に第五版が刊行されるときに、シュタイナーは本文にいくらか手を加えています。このときの改訂では、とくに「神秘学の師」という言葉の多くが削られました。この改訂作業をとおしてシュタイナーは、これからの新しい時代の霊的な訓練には太古の秘儀に見られたような導師（グル）や先生は必要ない、ということを強調しようとしたのです。

このような改訂作業は、一九一三年にアントロポゾフィー（人智学）協会がテオゾフィー（神智学）協会から分離独立したことと深い関わりがあります。シュタイナーは本書の本文の一部を改訂することによって、インドの霊性に憧れて導師（グル）への帰依を重視するテオゾフィー協会本部と、個人の自我意識に基づく自由を尊重するアントロポゾフィー協会の見解の違いをはっきりと示したのです。

その後さらに一九一八年の第八版（八千部から一万一千部までの増刷）において、シュタイナーは「あとがき」を書き足し、ようやく本書は現在のような形になりました。この第八版をそのまま引き継ぐ形で四年後に出た、一九二二年の第十一版が、シュタイナーの生前最後に出たテクストです。

シュタイナーの死後、本書のテクストは、版を重ねるごとにたびたび出版社によって変更が加えられていきました。そのため一般に流布している本と、シュタイナーの生前に出た版とのあいだに、微妙な違いが生じるようになりました。そこで信頼できる版を作るために、ダーヴィット・ホフマン

David Hoffmannによって新たな校訂作業が行われました。ホフマンの校訂作業の方針は、シュタイナーの死後、出版社によって変更された箇所を、可能な限りシュタイナーの生前最後に刊行された一九二二年の第十一版のテクストに戻し、明らかな誤植や文法上の誤りに関してのみ、没後の版に従うというものでした。ホフマンによって校訂されたこの新しい版は一九九三年に刊行され、現在では、もっとも信頼できるテクストとして評価されています。この日本語版も、この一九九三年版に基づいています。

さらに、『いかにして高次の世界を認識するか』の続編について触れておきます。「第三版に寄せる序文」にも書かれているとおり、本書にはもともと続編としての「第二部」が予定されていました。事実、『いかにして高次の世界を認識するか』の連載が終わってから、シュタイナーは雑誌『ルシファー＝グノーシス』に「いかにして高次の世界を認識するかの論文の中間的考察」としての『高次の認識の段階 *Die Stufen der höheren Erkenntnis*』の連載を始めました。もしこのまま順調に連載が続けられていたら、『高次の認識の段階』が本書の「第二部」として成立したはずです。しかしこの時期からシュタイナーの生活は多忙をきわめるようになり、雑誌『ルシファー＝グノーシス』が廃刊になるとともに、残念ながら『高次の認識の段階』も連載半ばにして中断されることになりました。

おそらくシュタイナーは、『いかにして高次の世界を認識するか』続編を完成させようという意志をずっともち続けていたものと思われます。なぜなら、シュタイナーの生前に最後に刊行された一九二二年版まで、『いかにして高次の世界を認識するか』の書名の下にはかならず（第一部）と付記されており、いつか続編が出ることを暗示していたからです。しかしシュタイナーの没後は、結局「第二部」は完成しなかったことを考慮して、編集部の手によって（第一部）という言葉は削られました。そして前述のホフマン校訂による一九九三年版において、可能な限り一九二二年版のテクストに戻すという方針に従って、扉の書名の下に（第一部）という付記がよみがえることになりました。

現在では、未完に終わった『高次の認識の段階』が、事実上の『いかにして高次の世界を認識するか』の続編と見なされています。そのためルドルフ・シュタイナー全集では、『高次の認識の段階』の冒頭に『いかにして高次の世界を認識するか』の序文の一部が再録され、この二冊の著書の緊密な結びつきが示唆されています。

本書『いかにして高次の世界を認識するか』は、太古の昔から秘儀の場で伝えられてきた霊的な訓練の方法を初めて書物という形で公開した、という点において画期的な意味をもっています。本書が世に出たことによって、それまで師から学徒に口頭でのみ伝えられ、外部への秘密の漏洩が堅く禁じられていた神秘学の修業法が万人のために開かれたのです。

神秘学の訓練の目的は、私たちのなかにまどろんでいる潜在的な霊視能力をめざめさせることにあります。私たちは、自分から積極的に働きかけなくても、自然から与えられた感覚器官をもとに、感覚的な世界を知覚することができます。物質的な世界の知覚に関しては、自然そのものが私たちを導いてくれたのです。しかし超感覚的な世界に足を踏み入れるためには、私たちは自分自身で努力して、霊的な感覚器官を育成しなくてはなりません。感覚的な世界と同じように、超感覚的な世界も、確固とした客観的な現実として存在していますが、このようなもう一つの現実を見るためには、私たちは超感覚的な世界で目や耳の役割をはたす霊的な知覚器官を獲得しなくてはなりません。

神秘学の訓練では、学徒は日常生活のなかでさまざまな規則や徳目を守り、いくつもの試練に耐えます。このような努力を続けることによって、学徒のなかに霊視するための器官が育ってきます。そして霊的な知覚器官を形成するのに成功したとき、人間は、自立した個人として霊的な世界に足を踏み入れ、あらかじめ自然によって用意された進化の段階以上のレベルまで上昇するのです。

人間がこのような霊的な訓練を行うための方法としては、大きくわけてインド系・キリスト教系・薔薇十字系という三つの流れがあります。霊的な訓練には一見、たくさんの流派があるように見えますが、実際にはほとんどの霊的な修業法は、この三つのうちのどれかに属しています。とくに導師（グル）の役割に注目しながら、この三つの流れの特色を明らかにしてみましょう。

第一のインド系のヨガの修業では、弟子が自我を消すことが重視されます。弟子は特殊な呼吸法によってトランス状態に陥り、夢見意識をとおして霊的な世界とコンタクトします。インド系の修業では、弟子は導師（グル）に完全に身をゆだねることが求められます。弟子は自分のすべてを捨てて、導師のいいなりにならなくてはなりません。このようなインド系の訓練は、目覚めた自我意識を備えた現代人には不向きであるといえます。

第二のキリスト教・グノーシス主義系の修業では、志願者は、キリストの洗足《せんぞく》や鞭打ちなどをみずから体験することによって、超感覚的な世界に参入します。この場合には、キリストが究極の導師（グル）と見なされます。人間の導師（グル）は、志願者をキリストのもとに導く仲介者の役割のみをはたします。この訓練は感情の強い人にのみ有効であり、科学的な世界観を受け入れることによって、少しでも信仰心がゆらいでいる人には向きません。

第三の薔薇十字系の修業では、学徒の自我に基づく自由と自主性が何よりも重んじられます。薔薇十字系の修業には、権威的な指導者としての導師（グル）は存在せず、友人としての立場から学徒に助言する師がいるだけです。本書『いかにして高次の世界を認識するか』のなかで紹介されているのは薔薇十字系の訓練方法であり、それは科学的な世界観と論理的な思考力を身につけた現代人に、もっともふさわしい修業法です。

薔薇十字は十四世紀にヨーロッパに現れた霊的な運動で、歴史の表舞台には出ないまま、陰にまわって西欧文明を導いてきました。薔薇十字的な世界観の一部は、十九世紀にヘレナ・ペトロヴナ・ブラバツキーらによってテオゾフィー（神智学）協会が設立されることによって、歴史上初めておおやけの場に姿を現しました。シュタイナーが霊的な活動の初期の段階で、テオゾフィー運動と関わったのは、このようなブラバツキーらの功績を評価したからにほかなりません。ただし一九〇七年にアニー・ベサントが会長に就任してから、テオゾフィー協会本部が急速にインドの霊性のほうに傾き、本来の薔薇十字的な傾向を失ったため、シュタイナーは新たにアントロポゾフィー（人智学）協会を設立することになりました。この意味において、アントロポゾフィーは薔薇十字の正統な流れを汲んでいます。

薔薇十字系の修業のおもな特徴を、現代を生きる私たちとの関連において、まとめておきましょう。まず第一に薔薇十字系の修業では、日常生活が最良の霊的な訓練の場と見なされます。一般社会から隔絶した場所で集団で訓練する修業法は、現代人には向きません。一般社会のなかでごくあたりまえの仕事をしながら、日常生活をとおして霊的な訓練をするのが、現代人にふさわしい方法です。霊的な訓練をする人には、社会や家庭のなかで自分に与えられた仕事をきちんとこなすことが何よりも求められます。霊的な訓練に打ち込むあまり、仕事をやめたり、家庭が崩壊したりするとしたら、その人の修業法はまちがっているというほかはありません。

また薔薇十字系の修業では、目覚めた自我意識と健全な判断力が重視されます。人間がトランス状態に入ることによって霊と交流する時代は過去のものとなりました。現代人の霊的な訓練は、かならず目覚めた意識状態のもとで行われなくてはなりません。薔薇十字系の修業では、論理的な思考力の鍛練が重視され、修業者は実践的な訓練を行う以外に、『テオゾフィー』のような霊学の本を読み、明るい意識状態において霊的なものを認識するように指示されます。この意味において薔薇十字系の修業は、論理的な思考を重んじる科学的な世界観と対立するものではありません。

さらに薔薇十字系の修業では、個人の自由が徹底的に尊重されます。私たちは自分自身が本当の意味で自由な人間であるように努めなくてはなりませんし、ほかの人間の自由意志を妨げてもなりません。現代人の霊的な訓練には、導師（グル）は必要ありません。私たちは本書のような正しい修業のガイドブックのみをよりどころとして、自分一人で、霊的な訓練をすることができるのです。

シュタイナーが本書のなかで示した訓練方法には、いわゆる神秘修業につきものの危険はまったくありません。そのほかの流派の修業方法と混ぜたり、自分で勝手にアレンジしたりすることなく、本書に書かれていることを正しく実行する限り、私たちは安全かつ確実に霊的な訓練の道を歩むことができます。大切なのは、あせることなく、訓練そのものを日々淡々と続けることだけなのです。

霊的な訓練の効果は、まず初めに、日常生活のなかの微妙な細部に現れます。一定の計画に沿って、毎日訓練を続けるうちに、ふさわしい時期が経過すると、ふだんの生活のなかに小さな変化が現れます。たとえば私たちは、自分がこれまでのように不安に陥ったり、落ち込んだりすることがなくなり、いつも落ち着いていられるようになったことに気がつきます。あるいは私たちは、周囲の世界で起こることを敏感に感じ取り、いつも目の前にあったのに意識しなかったものの存在に注意をはらうようになります。そのとき、どうやら自分がやっている訓練はまちがっていないらしい、という静かな充実感がわきあがってきます。私たちは、いきなり霊的な世界を霊視しようとするのではなく、このような日常生活のディテールに注意を向け、一つひとつの小さな達成を大切にすべきなのです。

あらかじめ気をつけておかなくてはならないのは、神秘学の訓練をすると、私たちはえてして利己主義に陥りやすい、という点です。神秘学の訓練がある程度まで進むと、私たちはつい、もっともっと自分を高めたい、という願望を抱いたり、自分はすごい人間なのではないだろうか、と考えたりしがちになります。そのとき私たちは自分の内面の至福感に酔うあまり、自分以外の人間に対する関心を失ってしまいます。私たちは、自分だけがきれいで純粋な人間になったような錯覚を覚え、他者に対して冷ややかな態度を取るようになります。そうなると、自分では霊的に高まったつもりでいても、実際には、私たちは霊的な訓練をすることによって、かえって訓練をする以前よりも悪い状態に陥ることになるのです。私たちは、霊的な訓練の道にはこのようなエゴイズムの誘惑がいつも待ちうけていることを、肝に銘じておく必要があります。他者への思いやりをなくした瞬間に、私たちの訓練は失敗に終わるのです。

神秘学の訓練の究極の目的は、私たち自身が霊的に高まることにあるわけではありません。正しい方法で訓練を続けていれば、私たちのなかには、おのずと他者への愛や慈悲の心が生まれるはずです。私たちはエゴイスティックに我を押し通すことはなくなり、自分の内面の至福感にひたることよりも、人のために何かしてあげることに、より大きな喜びを見出すようになります。霊的に発展を遂げると、私たちは周囲の人間や家族のために、あるいは社会のために、いままで以上に貢献することができるようになります。訓練をするときには、私たちは、霊的に向上するのは自分自身のためではなく人類全体のためである、ということをいつも意識するようにしなくてはならないのです。

最後に、本書の翻訳作業について記しておきます。

本書の原文は、シュタイナーという著者がやさしく読者に語りかけてくるような、暖かみのある文体で書かれています。シュタイナーは読者に対して、親称（友人どうしや親子のあいだでもちいられる二人称）のdu（君・あなた）で呼びかけます。シュタイナーの著作のなかで、このような文体で書かれている本は、ほかにはありません。シュタイナーは権威的な導師（グル）としてではなく、よき友人として、よき助言者として、読者に語りかけてきます。原文を読みながら、私は幾度となく、実際にシュタイナーが語る言葉を耳にしているような錯覚を覚えました。本書を訳すにあたり、私は、自分の能力が許す範囲内で、このような話し言葉に近い原文のニュアンスを日本語で再現するように心がけました。

今回の翻訳のテクストにもちいたのは、スイスのルドルフ・シュタイナー出版から刊行された一九九三年の改訂版（全集第十巻）です。なお、本書は、過去に高橋巖氏の訳により『いかにして超感覚的世界の認識を獲得するか』のタイトルで刊行されていることをつけ加えておきます。

本書の出版に尽力して下さった柏書房の芳賀啓氏と檀上聖子氏、ならびに訳文に関して多くの助言を授けて下さった樋口純明氏と鶴博昭氏に、心より感謝の気持ちを申し述べます。

二〇〇〇年八月

松浦　賢

ら行

な行

は行

ま行

や行

さ行

た行

索　引

＊(「エーテル体」のような本文中に頻出する語句に関しては、とくに重要な観点から述べられていると思われる箇所のみをゴチック体で示してあります)

あ行

か行

ルドルフ・シュタイナー（Rudolf Steiner）

1861−1925年。旧オーストリア帝国生まれ。哲学博士。ウィーン工科大学で物理学や数学などを学んだのち、ワイマール版ゲーテ全集・自然科学篇の編集委員として活躍。20世紀に入ってから、魂や霊の領域を学問的に探求する霊学（精神科学）の成果をもとに、人間の霊性を宇宙の霊性に導く認識の道としてのアントロポゾフィー（人智学）を確立した。その業績は教育・医学・農業などの社会実践にも広く及んでおり、近年再評価の気運が高まっている。

松浦　賢（まつうら・さとし）

1963年生まれ。東京外国語大学ドイツ語学科卒業、東京都立大学大学院博士課程単位取得退学。ドイツ文学者。既訳書・シュタイナー『天使と人間』、『霊学の観点からの子どもの教育』（ともにイザラ書房）『テオゾフィー　神智学』（柏書房）ほか。

いかにして高次《こうじ》の世界《せかい》を認識《にんしき》するか

2001年1月15日　第1刷発行
2020年6月15日　第8刷発行

著　者　ルドルフ・シュタイナー
訳　者　松浦　賢
発行者　富澤凡子
発行所　柏書房株式会社
東京都文京区本郷2−15−13（〒113−0033）
電　話　03−3830−1891（営業）
03−3830−1894（編集）
組　版　アンパサンド
印　刷　光陽メディア
製　本　ブックアート

ISBN4−7601−1994−9　C3010

テオゾフィー　神智学

ルドルフ・シュタイナーRUDOLF STEINER――著

松浦　賢――訳

シュタイナーの霊学（精神科学）について学ぼうとする人が最初に手に取るべき「入門書」として、一九〇四年の刊行以来、百年の歳月を経て世界中で広く読み継がれてきた、シュタイナーのもっとも重要な著作のひとつ。自然科学の方法にしたがって霊的な事柄が記述された、歴史的にも決定的な意味をもつ一冊。最新のテキストに基づくわかりやすい新訳、シュタイナーの世界観と思想の根本がここにある。

四六判・上製　二八八ページ　本体二、四〇〇円